TRADICINIO KINŲ WOK GAMYBOS BIBLIJA

100 IR DAUGIAU TRADICINIŲ KINŲ RECEPTŲ, SKIRTŲ KEPTI MAIŠANT, GARUOSE, GILIAI KEPTI IR RŪKYTI NAUDOJANT UNIVERSALIAUSIĄ ĮRANKĮ VIRTUVĖJE

DŪGAS LOKSLIS

Visos teisės saugomos.

Atsisakymas

Šioje el. knygoje pateikta informacija turi būti visapusiškas strategijų, apie kurias šios el. knygos autorius atliko tyrimą, rinkinys. Santraukas, strategijas, patarimus ir gudrybes rekomenduoja tik autorius, o šios el. knygos skaitymas negarantuoja, kad rezultatai tiksliai atspindės autoriaus rezultatus. Elektroninės knygos autorius dėjo visas pagrįstas pastangas, kad elektroninės knygos skaitytojams pateiktų naujausią ir tikslią informaciją. Autorius ir jo partneriai neprisiima atsakomybės už bet kokias netyčines klaidas ar praleidimus. El. knygos medžiagoje gali būti informacijos iš trečiųjų šalių. Trečiųjų šalių medžiagą sudaro jų savininkų nuomonė. Todėl el. knygos autorius neprisiima atsakomybės už bet kokią trečiųjų šalių medžiagą ar nuomones.

El. knygos autorių teisės priklauso © 2022, visos teisės saugomos. Visą ar dalį šios el. knygos platinti, kopijuoti ar kurti išvestinius kūrinius yra neteisėta. Jokia šios ataskaitos dalis negali būti atgaminta ar perduota bet kokia forma be raštiško ir pasirašyto autoriaus leidimo.

TURINYS

TURINYS 3
ĮVADAS 7
PUSRYČIAI 10

1. KREVEČIŲ SKREBUČIAI 11
2. PUIKŪS PUODŲ LIPDUKAI 14
3. KINIŠKI KIAUŠINIŲ SUKTINUKAI 18
4. KEPTI HASH BROWN PUODELIAI SU KIAUŠINIAIS 21
5. KREMINIS SŪRIS WONTONS 24
6. KREVETĖS IR KIAUŠINIENĖ 27

UŽKANDŽIAI 29

7. HAKKA SPICE SPRAGĖSIAI 30
8. ARBATOJE MIRKYTI KIAUŠINIAI 32
9. GARUOSE VIRTOS SVOGŪNŲ BANDELĖS 35
10. GARUOSE VIRTAS MIGDOLŲ BISKVITAS 39
11. CUKRINIŲ KIAUŠINIŲ PLAKINIAI 42
12. CHRIZANTEMA IR PERSIKŲ TONG SUI 45

PAGRINDINIS PATIEKALAS 47

13. KIAUŠINIUOSE KEPTI RYŽIAI 48
14. KLASIKINIAI KIAULIENOS KEPTI RYŽIAI 51
15. GIRTI MAKARONAI 53
16. SIČUANO IR MAKARONŲ 57
17. PORK CONGEE 61
18. KEPTI RYŽIAI SU KREVETĖMIS, KIAUŠINIU IR SVOGŪNAIS ... 64
19. RŪKYTI UPĖTAKIŲ KEPTI RYŽIAI 67
20. ŠLAMŠTAS KEPTI RYŽIAI 70
21. VIRTI RYŽIAI SU LAP CHEUNG IR BOK CHOY 74
22. ČESNAKINIAI MAKARONAI 77

23.	SINGAPŪRO MAKARONAI	79
24.	HAKKA MAKARONAI	82
25.	PAD SEE WE	85
26.	VIŠTIENOS CHOW MEIN	88
27.	JAUTIENA LO MEIN	92
28.	DAN DAN MAKARONAI	95
29.	JAUTIENOS ČIAU LINKSMYBĖS	98
30.	DRUSKA IR PIPIRAI KREVETĖS	101
31.	GIRTOS KREVETĖS	104
32.	GRAIKINIŲ RIEŠUTŲ KREVETĖS	107
33.	AKSOMINĖS ŠUKUTĖS	111
34.	JŪROS GĖRYBĖS IR DARŽOVĖS SU MAKARONAIS	114
35.	KOKOSO KARIO KRABAS	117
36.	KEPTI JUODIEJI KALMARAI	120
37.	KEPTOS AUSTRĖS SU ČILI-ČESNAKU KONFETI	123
38.	KUNG PAO VIŠTIENA	126
39.	BROKOLIŲ VIŠTIENA	129
40.	MANDARINO ŽIEVELĖS VIŠTIENA	132
41.	ANAKARDŽIŲ VIŠTIENA	136
42.	AKSOMINĖ VIŠTIENA IR SNIEGO ŽIRNIAI	139
43.	VIŠTIENA IR DARŽOVĖS SU JUODŲJŲ PUPELIŲ PADAŽU	142
44.	ŽALIŲJŲ PUPELIŲ VIŠTIENA	145
45.	VIŠTIENA SEZAMO PADAŽE	148
46.	SALDŽIARŪGŠTĖ VIŠTIENA	152
47.	POMIDORŲ KIAUŠINIŲ MAIŠYMAS	156
48.	KINIŠKI IŠSINEŠIMUI KEPTI VIŠTIENOS SPARNELIAI	159
49.	TAILANDIETIŠKA BAZILIKO VIŠTIENA	162
50.	TROŠKINTAS KIAULIENOS PILVAS	165
51.	POMIDORŲ IR JAUTIENOS MAIŠYMAS	168
52.	JAUTIENA IR BROKOLIAI	171
53.	JUODŲJŲ PIPIRŲ JAUTIENOS KEPSNYS	174
54.	SEZAMO JAUTIENA	177
55.	MONGOLIŠKA JAUTIENA	181
56.	SIČUANO JAUTIENA SU SALIERAIS IR MORKOMIS	184

57.	HOISIN JAUTIENOS SALOTŲ PUODELIAI	187
58.	KEPTI KIAULIENOS KOTLETAI SU SVOGŪNAIS	190
59.	PENKIŲ PRIESKONIŲ KIAULIENA SU BOK CHOY	193
60.	HOISIN KIAULIENOS KEPSNYS	196
61.	DU KARTUS VIRTA KIAULIENOS PILVAS	199
62.	MU SHU KIAULIENA SU KEPTUVĖS BLYNAIS	202
63.	KIAULIENOS ŠONKAULIAI SU JUODŲJŲ PUPELIŲ PADAŽU	206
64.	KEPTA MONGOLIJOS ĖRIENA	209
65.	KMYNAIS PAGARDINTA ĖRIENA	212
66.	AVIENA SU IMBIERU IR PORAIS	215
67.	TAILANDIETIŠKA BAZILIKŲ JAUTIENA	218
68.	KINIŠKA BBQ KIAULIENA	220
69.	GARUOSE KEPTOS BBQ KIAULIENOS BANDELĖS	223
70.	KANTONO KIAULIENOS KEPSNYS	227
71.	KEPTI SNIEGO ŽIRNIAI	230
72.	KEPTI ŠPINATAI SU ČESNAKU IR SOJOS PADAŽU	232
73.	AŠTRŪS KEPTI NAPA KOPŪSTAI	234
74.	DRY-FRIED STRING PUPELĖS	237
75.	KEPTI BOK CHOY IR GRYBAI	240
76.	KEPTŲ DARŽOVIŲ MIŠINYS	243
77.	BUDOS MALONUMAS	246
78.	HUNANO STILIAUS TOFU	249
79.	MA PO TOFU	252
80.	VIRTA PUPELIŲ VARŠKĖ PAPRASTAME PADAŽE	255
81.	SEZAMO ŠPARAGAI	258
82.	KINIŠKI BROKOLIAI SU AUSTRIŲ PADAŽU	261

SRIUBOS **264**

83.	KOKOSŲ KARIO MAKARONŲ SRIUBA	265
84.	AŠTRI JAUTIENOS MAKARONŲ SRIUBA	268
85.	KIAUŠINIŲ LAŠŲ SRIUBA	271
86.	PAPRASTA WONTON SRIUBA	273
87.	KIAUŠINIŲ LAŠŲ SRIUBA	276
88.	KARŠTA IR RŪGŠTI SRIUBA	278

89. Jautienos makaronų sriuba	282

PARDUOTAI ... 285

90. Juodųjų pupelių padažas	286
91. Svogūnų-imbiero aliejus	289
92. XO padažas	291
93. Keptas čili aliejus	294
94. Slyvų padažas	296

DESERTAI ... 298

95. Jamo pupelių, morkų ir agurkų užkandis	299
96. Kiniški migdoliniai sausainiai	302
97. Nianas Gao	306
98. Aštuoni lobių ryžių pudingas	309
99. Kiniškas migdolų plūduriuojantis desertas	313
100. Pikantiškas plikytų kiaušinių kremas	316

IŠVADA ... 319

ĮVADAS

Kinija yra šalis, turinti iškiliausių piliečių ir tauta, turinti aukščiausią ir novatoriškiausią virtuvę pasaulyje. Bendras įvairių Kinijos regionų ir etninių grupių patiekalų pavadinimas yra kinų virtuvė. Dėl puikios infrastruktūros, turtingų padalinių ir institucijų bei išskirtinės temos jis turi ilgą istoriją. Tai tūkstantmečių kinų virtuvės praeities kristalizacija. Reikšmingas kinų kultūros aspektas, dar žinomas kaip kinų kulinarijos tradicija, yra kinų virtuvė. Kinų virtuvė yra viena iš trigubų tarptautinių virtuvių ir turi didelę įtaką Rytų Azijos regionui. Ingredientai gaunami iš skirtingų vietovių ir kultūrinių patiekalų.

Kinijos maistas labai skiriasi nuo visų kitų maisto produktų įvairiose šalyse. Ingredientai ir skonis gali skirtis įvairiuose Kinijos regionuose, tačiau jų paruošimo būdas yra beveik identiškas. Kinijos maistas vyrauja nuo seniausių laikų ir yra plačiai žinomas dėl savo unikalaus skonio ir sveikų ingredientų. Valgyti kinišką maistą yra daug privalumų, nes jis aprūpina organizmą reikalingomis maistinėmis medžiagomis ir naudoja mažiau riebalų. Ryžiai yra pagrindinis maistas Kinijoje, patiekiamas su kiekvienu patiekalu ir kiekviename valgyje. Budistai, kurie negali valgyti mėsos, gali valgyti vegetariškus patiekalus.

Kinų virtuvė yra ne tik skani, bet ir sveika bei maistinga. Prieskoniai, naudojami kinų virtuvėje, yra kupini maistinių medžiagų, kurių žmogaus organizmui reikia dirbti visą dieną. Tai yra turtingas angliavandenių, krakmolo, baltymų ir skaidulų šaltinis. Šioje knygoje „Kinų kulinarijos knyga" bus paaiškinta kinų virtuvė ir jos ankstyvoji istorija. Pirmas skyrius supažindins su kinų maistu ir jo atsiradimu nuo Džou dinastijos iki Ming dinastijos ir kartkartėmis jo raida.

Antrasis skyrius yra apie pusryčių ir užkandžių receptus, kad dieną pradėtumėte nuo skanių ir greitų receptų. Trečias skyrius - apie pietų, sriubų ir salotų receptus, kad atgautumėte darbe išeikvotą energiją. Ketvirtajame skyriuje pateikiami vakarienės ir desertų receptai, iš kurių galite pasigaminti skanų maistą jūsų šeimos maistui su saldžiais patiekalais ir priedais.

Paskutiniame skyriuje bus pateikti visame pasaulyje žinomi kinų patiekalai, įskaitant vegetariškus receptus. Šiuos receptus galite pasigaminti pagal specialų patiekalą

renginiai ar šeimos susibūrimai. Galiausiai pateikiama trumpa išvada apie kinų virtuvės pasirinkimą jums ir jūsų šeimai, kuri padės jums paremti jūsų mintį rinktis kinų maistą. Taigi pradėkite skaityti šią knygą ir patobulinkite savo maisto gaminimo žinias bei maisto gaminimo įgūdžius naudodami „Kinijos kulinarijos knygą".

PUSRYČIAI

1. Krevečių skrebučiai

Porcijos dydis: 4

Ingridientai:

- 1 valgomasis šaukštas sojos padažo
- 1 kiaušinio baltymas
- ½ arbatinio šaukštelio baltojo cukraus
- ½ arbatinio šaukštelio paprikos
- ½ svaro žalių krevečių
- ½ puodelio smulkiai pjaustytų žaliųjų svogūnų
- 3 česnako skiltelės
- Druska pagal skonį
- 4 riekelės baltos duonos
- 1 arbatinis šaukštelis sezamo sėklų
- 1 valgomasis šaukštas imbiero šaknis
- 1 ančiuvių filė
- 1 arbatinis šaukštelis sezamo aliejaus
- ¼ puodelio kalendros lapų

- 1 arbatinis šaukštelis azijietiško žuvies padažo
- 1 žiupsnelis kajeno pipirų
- 1 puodelis augalinio aliejaus

Metodas:

a) Visus ingredientus sutrinkite virtuviniu kombainu ir plakite iki vientisos masės.

b) Duonos riekeles lengvai paskrudinkite ir ant skrebučių užklijuokite krevečių mišinį.

c) Nupjaukite kraštus ir perpjaukite per pusę.

d) Į keptuvę įpilkite augalinio aliejaus ir kepkite iki auksinės rudos spalvos.

e) Patiekite karštą su žaliu svogūnu.

2. Puikūs puodų lipdukai

Porcijos dydis: 6

Ingridientai:

- ½ puodelio žaliųjų svogūnų
- 1 žiupsnelis kajeno pipirų
- 1 ½ stiklinės žaliųjų kopūstų
- 3 šaukštai šviežio imbiero
- 2 šaukštai sojos padažo
- 1 svaras kiaulienos

- 4 skiltelės česnako
- 1 arbatinis šaukštelis sezamo aliejaus

Panardinimo padažas

- ¼ puodelio ryžių acto
- ¼ puodelio sojos padažo

Tešlos ingredientai

- ¾ arbatinio šaukštelio košerinės druskos

- 2 ½ stiklinės universalių miltų
- 1 puodelis karšto vandens

Kepimas

- 8 šaukštai vandens garuose
- 6 šaukštai augalinio aliejaus

Metodas:

a) Dubenyje sumaišykite žalią svogūną, kopūstą, pipirus, česnaką, imbierinį sojų padažą, sezamo aliejų, kiaulieną ir sumaišykite šakute.

b) Uždenkite plastiku ir valandą šaldykite šaldytuve.

c) Sumaišykite tešlos ingredientus ir pagaminkite tešlą.

d) Minkykite tešlą, kol ji taps minkšta ir lygi.

e) Suvyniokite tešlą ir palikite 30 minučių pailsėti.

f) Tešlą supjaustykite mažais gabalėliais ir padarykite lipdukus.

g) Užpildykite lipdukus kiaulienos mišiniu ir sulenkite.

h) Norėdami paruošti panardinimo padažą, sumaišykite padažo ingredientus.

i) Įkaitinkite keptuvę ir sudėkite lipdukus į karštą aliejų iki auksinės rudos spalvos.

j) Užpilkite vandeniu ir garinkite 7 minutes arba kol taps traškūs.

k) Patiekite su panirimo padažu.

3. Kiniški kiaušinių suktinukai

Porcijos dydis: 20

Ingridientai:

- 8 uncijų bambuko ūgliai
- 1 puodelis medinių ausų grybų
- 4 arbatinius šaukštelius augalinio aliejaus
- 3 dideli kiaušiniai
- 1 arbatinis šaukštelis cukraus
- 14 uncijų kiaušinių ritinėlių vyniotiniai
- 1 kiaušinio baltymas
- 1 svaras keptos kiaulienos
- 2 žali svogūnai
- $2\frac{1}{2}$ arbatinio šaukštelio sojos padažo
- 4 stiklinės aliejaus kepimui
- 1 vidutinio dydžio gūžinis kopūstas
- $\frac{1}{2}$ morkos
- 1 arbatinis šaukštelis druskos

Metodas:

a) Įkaitinkite keptuvę ir įpilkite 1 šaukštą aliejaus.

b) Įmuškite aliejuje išplaktą kiaušinį ir virkite 2 minutes ant silpnos ugnies.

c) Pakeiskite pusę ir kepkite dar 1 minutę.

d) Atidėkite į šalį ir leiskite atvėsti ir supjaustykite plonomis juostelėmis.

e) Į keptuvę įpilkite augalinio aliejaus ir kaitinkite likusius ingredientus, kol daržovės visiškai iškeps.

f) Į daržoves įmuškite griežinėliais pjaustytą kiaušinį ir šaldykite 1 valandą.

g) Paimkite plastikinę plėvelę ir sudėkite daržovių mišinį.

h) Sukite plastikinį lakštą, kol viršutiniai kampai bus sandarūs.

i) Uždenkite plastiku, kad neišdžiūtų.

4. Kepti Hash Brown puodeliai su kiaušiniais

Porcijos dydis: 4

Ingridientai:

- ½ puodelio susmulkinto čederio sūrio
- Žirniai
- ¼ arbatinio šaukštelio juodųjų pipirų
- rapsų aliejaus kepimo purškalas
- 8 dideli kiaušiniai
- rapsų aliejaus kepimo purškalas
- 1 maišelis rudųjų bulvių maišos
- Juodasis pipiras
- 4 juostelės šoninės
- ½ arbatinio šaukštelio česnako miltelių
- Druska

Metodas:

a) Įkaitinkite orkaitę iki 400 ° F.
b) Susmulkintas bulves sudėkite į dubenį ir sumaišykite su prieskoniais.

c) Paspauskite bulves, kol išeis vanduo.

d) Kepkite bulves bandelės puodeliuose 20–25 minutes.

e) Įkaitinkite keptuvę ir sudėkite išplaktus kiaušinius.

f) Išmaišykite su gumine mentele. Nepervirkite kiaušinių.

g) Įdėkite kiaušinius ir prieskonius ant bulvių ir vėl kepkite 3–7 minutes, kol visiškai ištirps.

h) Patiekite su padažu.

5. Kreminis sūris Wontons

Porcijos dydis: 6

Ingridientai:

- 8 uncijos grietinėlės sūrio
- ½ arbatinio šaukštelio cukraus
- 24 wonton įvyniojimai
- 1 plaktas kiaušinis
- aliejaus kepimui
- 2 arbatiniai šaukšteliai maltų česnakų
- ½ arbatinio šaukštelio svogūnų miltelių

Metodas:

a) Sumaišykite ir sumaišykite cukrų, kreminį sūrį ir svogūnų miltelius.

b) Įdėkite Wonton įvyniojimą ir ant jo uždėkite arbatinį šaukštelį kreminio sūrio.

c) Aptepkite kraštus kiaušiniu ir suvyniokite į pakuotės formą.

d) Įkaitinkite keptuvę 350 ° F temperatūroje su keturiais šaukštais aliejaus.

e) Kepkite wontonus 6-7 minutes arba iki auksinės rudos spalvos.

f) Sugerkite į popierinį rankšluostį ir atidėkite.

g) Apkepkite visus wonton įvyniojimus ir patiekite su tamari padažu.

6. Krevetės ir kiaušinienė

Ingridientai:

- 2 šaukštai košerinės druskos ir dar prieskoniams
- 2 šaukštai cukraus
- 2 puodeliai šalto vandens
- 6 uncijų vidutinės krevetės (U41-50), nuluptos ir nuskustos
- 4 dideli kiaušiniai, kambario temperatūros
- ½ arbatinio šaukštelio sezamo aliejaus
- Šviežiai malti juodieji pipirai
- 2 šaukštai augalinio aliejaus, padalinti
- 2 nuluptos šviežio imbiero griežinėliai, kurių kiekviena yra maždaug ketvirčio dydžio
- 2 česnako skiltelės, smulkiai supjaustytos
- 1 krūva laiškinių česnakų, supjaustytų ½ colio gabalėliais

Kryptys:

a) Dideliame dubenyje supilkite druską ir cukrų į vandenį, kol jie ištirps. Į sūrymą įpilkite krevetes. Uždenkite ir šaldykite 10 minučių.

b) Krevetes nusausinkite kiaurasamtyje ir nuplaukite. Išmeskite sūrymą. Krevetes paskleiskite ant popieriniu rankšluosčiu išklotos kepimo skardos ir nusausinkite.

c) Kitame dideliame dubenyje išplakite kiaušinius su sezamų aliejumi ir žiupsneliu druskos bei pipirų, kol susimaišys. Atidėti.

d) Kaitinkite wok keptuvę ant vidutinės-stiprios ugnies, kol susilietus sušnypš ir išgaruos vandens lašas. Supilkite 1 šaukštą augalinio aliejaus ir pasukite, kad padengtumėte wok dugną. Pagardinkite aliejų, įberdami imbiero ir žiupsnelį druskos. Leiskite imbierui čirškėti aliejuje apie 30 sekundžių, švelniai sukdami.

e) Sudėkite česnaką ir trumpai pakepinkite, kad pagardintumėte aliejų, apie 10 sekundžių. Neleiskite česnakui paruduoti ar sudeginti. Sudėkite krevetes ir maišydami kepkite apie 2 minutes, kol jos taps rausvos spalvos. Perkelkite į lėkštę ir išmeskite imbierą.

f) Grąžinkite wok keptuvę ant ugnies ir įpilkite likusį 1 šaukštą augalinio aliejaus. Kai aliejus įkaista, supilkite kiaušinių mišinį į wok keptuvę. Supilkite ir sukrėskite kiaušinius, kad iškeptų. Į keptuvę suberkite laiškinius česnakus ir toliau kepkite, kol kiaušiniai iškeps, bet neišdžius. Grąžinkite krevetes į keptuvę ir išmeskite, kad susimaišytų. Perkelkite į serviravimo lėkštę.

UŽKANDŽIAI

7. Hakka Spice spragėsiai

Ingridientai

- Prieskonių mišinys
- 2 šaukštai augalinio aliejaus
- ½ puodelio spragėsių kukurūzų branduolių
- Košerinė druska

Kryptys:

a) Nedidelėje keptuvėje arba keptuvėje sumaišykite prieskonius; žvaigždanyžių sėklos, kardamono sėklos, gvazdikėliai, pipirai, kalendros sėklos ir pankolio sėklos. Skrudinkite prieskonius 5–6 minutes.

b) Nukelkite keptuvę nuo ugnies ir supilkite prieskonius į grūstuvą ar prieskonių malūnėlį. Susmulkinkite prieskonius iki smulkių miltelių ir perkelkite į nedidelį dubenį.

c) Suberkite maltą cinamoną, imbierą, ciberžolę ir kajeno pipirus ir išmaišykite, kad susimaišytų. Atidėti.

d) Kaitinkite wok keptuvę ant vidutinės-stiprios ugnies, kol ji tik pradės rūkyti. Supilkite augalinį aliejų ir ghi ir pasukite, kad apsemtų wok keptuvę. Įdėkite 2 kukurūzų spragėsių branduolius į wok ir uždenkite. Kai jie pasirodys, sudėkite likusius branduolius ir uždenkite. Nuolat kratykite, kol nustos pūsti.

e) Perkelkite spragėsius į didelį popierinį maišelį. Įpilkite 2 žiupsnelius košerinės druskos ir 1½ šaukšto prieskonių mišinio. Sulenkite maišelį uždarytą ir purtykite!

8. Arbatoje mirkyti kiaušiniai

Ingridientai

- 2 puodeliai vandens
- ¾ puodelio tamsaus sojų padažo
- 6 nuluptos šviežio imbiero griežinėliai, kurių kiekviena yra maždaug ketvirčio dydžio
- 2 sveiki žvaigždanyžiai
- 2 cinamono lazdelės
- 6 sveiki gvazdikėliai
- 1 arbatinis šaukštelis pankolių sėklų
- 1 arbatinis šaukštelis Sičuano arba juodųjų pipirų žirnelių
- 1 arbatinis šaukštelis cukraus
- 5 juodosios arbatos pakeliai be kofeino
- 8 dideli kiaušiniai, kambario temperatūros

Kryptys:
a) Puode užvirinkite vandenį. Įpilkite tamsios sojos, imbiero, anyžių, cinamono lazdelių, gvazdikėlių, pankolių sėklų, pipirų ir cukraus. Uždenkite puodą ir sumažinkite ugnį, kol užvirs; virkite 20 minučių. Išjunkite ugnį ir sudėkite arbatos maišelius. Virkite arbatą 10 minučių. Arbatą nukoškite per ploną tinklelį sietelį į didelį karščiui atsparų matavimo puodelį ir leiskite atvėsti, kol virsite kiaušinius.

b) Užpildykite didelį dubenį ledu ir vandeniu, kad susidarytumėte ledo vonią kiaušiniams ir atidėkite. Wok keptuvėje užvirkite tiek vandens, kad kiaušiniai apsemtų maždaug centimetrą. Švelniai įmuškite kiaušinius į vandenį, sumažinkite ugnį iki mažos ugnies ir virkite 9 minutes. Kiaušinius išimkite kiaurasamčiu ir perkelkite į ledo vonią, kol atvės.

c) Išimkite kiaušinius iš ledo vonios. Bakstelėkite kiaušinius šaukšto nugara, kad įtrūktų lukštai, kad marinatas galėtų prasiskverbti tarp įtrūkimų, tačiau pakankamai švelniai, kad lukštai liktų ant jų. Kriauklės turėtų atrodyti kaip mozaika. Įdėkite kiaušinius į didelį stiklainį (mažiausiai 32 uncijos) ir uždenkite marinatu. Laikykite juos šaldytuve mažiausiai 24 valandas arba iki savaitės. Išimkite kiaušinius iš marinato, kai būsite pasiruošę patiekti.

9. Garuose virtos svogūnų bandelės

Ingridientai

- ¾ puodelio nenugriebto pieno, kambario temperatūros
- 1 valgomasis šaukštas cukraus
- 1 arbatinis šaukštelis aktyvių sausų mielių
- 2 puodeliai universalių miltų
- 1 arbatinis šaukštelis kepimo miltelių
- ¾ arbatinio šaukštelio košerinės druskos, padalinta
- 2 šaukštai sezamo aliejaus, padalinti
- 2 arbatiniai šaukšteliai kiniškų penkių prieskonių miltelių, padalinti
- 6 laiškiniai svogūnai, plonais griežinėliais

Kryptys:

a) Sumaišykite pieną, cukrų ir mieles. Atidėkite 5 minutėms, kad suaktyvintumėte mieles.

b) Dideliame dubenyje sumaišykite miltus, kepimo miltelius ir druską, kad susimaišytų. Supilkite pieno mišinį. Maišykite, kol susidarys minkšta, elastinga tešla, arba 6–8 minutes rankomis. Sudėkite į dubenį ir uždenkite rankšluosčiu, kad pailsėtų 10 minučių.

c) Su kočėlu vieną gabalėlį iškočiokite į 15 x 18 colių stačiakampį. Tešlą aptepkite 1 šaukštu sezamų aliejaus. Pagardinkite penkių prieskonių milteliais ir druska.

Pabarstykite puse laiškinių svogūnų ir švelniai įspauskite į tešlą.

d) Tešlą iškočiokite nuo ilgojo krašto taip, kaip darytumėte cinamono ritinį. Susuktą rąstą supjaustykite į 8 lygias dalis. Norėdami suformuoti bandelę, paimkite 2 dalis ir sudėkite jas vieną ant kitos ant šonų, kad nupjautos pusės būtų nukreiptos į išorę.

e) Valgymo lazdele nuspauskite krūvos centrą; tai šiek tiek išstums įdarą. Išimkite lazdelę. Pirštais šiek tiek ištraukite du tešlos galus, kad ištemptumėte, ir suvyniokite galus po viduriu, suimdami galus.

f) Padėkite bandelę ant 3 colių pergamentinio popieriaus kvadrato ir įdėkite į garintuvo krepšį, kad jis būtų bandomas. Pakartokite formavimo procesą su likusia tešla, įsitikinkite, kad tarp bandelių lieka bent 2 coliai tarpo. Jei reikia daugiau vietos, galite naudoti antrą garintuvo krepšelį. Turėtumėte turėti 8 susuktas bandeles. Uždenkite krepšelius plastikine plėvele ir palikite pakilti 1 valandą arba kol padidės dvigubai.

g) Supilkite apie 2 colius vandens į wok keptuvę ir įdėkite garintuvo krepšelius į wok keptuvę. Vandens lygis turi būti nuo $\frac{1}{4}$ iki $\frac{1}{2}$ colio aukščiau apatinio garintuvo krašto, bet ne taip aukštai, kad liestų krepšio dugną. Uždenkite krepšelius garintuvo krepšio dangčiu ir užvirinkite vandenį ant vidutinės-stiprios ugnies.

h) Sumažinkite ugnį iki vidutinės ir virkite garuose 15 minučių, jei reikia, į wok keptuvę įpilkite daugiau vandens. Išjunkite ugnį ir laikykite krepšelius uždengtus dar 5 minutes. Perkelkite bandeles į lėkštę ir patiekite.

10. Garuose virtas migdolų biskvitas

Ingridientai

- Nelipnus virimo purškalas
- 1 puodelis pyrago miltų, išsijotų
- 1 arbatinis šaukštelis kepimo miltelių
- ¼ arbatinio šaukštelio košerinės druskos
- 5 dideli kiaušiniai, atskirti
- ¾ puodelio cukraus, padalintas
- 1 arbatinis šaukštelis migdolų ekstrakto
- ½ arbatinio šaukštelio totorių grietinėlės

Kryptys:

a) 8 colių torto formą išklokite kepimo popieriumi. Lengvai apipurkškite pergamentą nepridegančiu kepimo purškalu ir atidėkite į šalį.

b) Į dubenį persijokite pyrago miltus, kepimo miltelius ir druską.

c) Plakite kiaušinių trynius su ½ puodelio cukraus ir migdolų ekstraktu stacionariame arba rankiniame maišytuve apie 3 minutes, kol pabals ir sutirštės. Įpilkite miltų mišinio ir maišykite, kol viskas susimaišys. Atidėti.

d) Nuvalykite plaktuvą ir kitame švariame dubenyje iki putų išplakite kiaušinių baltymus su tartaro grietinėle. Kol mikseris veikia, toliau plakite baltymus, palaipsniui supildami likusį ¼ puodelio cukraus. Plakite 4–5 minutes, kol baltymai taps blizgūs ir susidarys standžios smailės.

e) Kiaušinių baltymus įmaišykite į pyrago tešlą ir švelniai maišykite, kol įsimaišys kiaušinių baltymai. Tešlą perkelkite į paruoštą pyrago formą.

f) Išskalaukite bambukinį garintuvo krepšelį ir jo dangtį po šaltu vandeniu ir įdėkite į wok keptuvę. Supilkite 2 colius vandens arba tol, kol jis ¼–½ colio pakils virš garintuvo apatinio krašto, bet ne tiek, kad liestų krepšelio dugną. Įdėkite centrinę keptuvę į garintuvo krepšį.

g) Vandenį užvirinkite ant stiprios ugnies. Uždėkite dangtelį ant garintuvo krepšio ir sumažinkite šilumą iki vidutinės. Kepkite pyragą 25 minutes arba tol, kol į centrą įsmeigtas dantų krapštukas išeis švarus.

h) Perkelkite pyragą ant vielinio aušinimo grotelių ir 10 minučių atvėsinkite. Išverskite pyragą ant grotelių ir nuimkite pergamentinį popierių. Apverskite pyragą atgal ant serviravimo lėkštės, kad jis būtų dešine puse į viršų. Supjaustykite į 8 skilteles ir patiekite šiltą.

11. Cukrinių kiaušinių plakiniai

Ingridientai

- ½ puodelio vandens
- 2 arbatinius šaukštelius nesūdyto sviesto
- ¼ puodelio cukraus, padalintas
- Košerinė druska
- ½ puodelio universalių nebalintų miltų
- 3 puodeliai augalinio aliejaus
- 2 dideli kiaušiniai, sumušti

Kryptys:

a) Nedideliame puode ant vidutinės-stiprios ugnies įkaitinkite vandenį, sviestą, 2 arbatinius šaukštelius cukraus ir žiupsnelį druskos. Užvirinkite ir įmaišykite miltus. Toliau maišykite miltus mediniu šaukštu, kol mišinys atrodys kaip bulvių košė ir ant keptuvės dugno susidarys plona tešlos plėvelė. Išjunkite ugnį ir perkelkite tešlą į didelį maišymo dubenį. Tešlą vėsinkite apie 5 minutes, retkarčiais pamaišydami.

b) Kol tešla vėsta, į wok keptuvę supilkite aliejų; aliejus turi būti maždaug 1-1½ colio gylio. Įkaitinkite aliejų iki 375 ° F ant vidutinės ir stiprios ugnies. Galite suprasti, kad aliejus paruoštas, kai panardinate medinio šaukšto galą, o aliejus burbuliuoja ir šnypščia aplink šaukštą.

c) Supilkite išplaktus kiaušinius į tešlą dviem dalimis, prieš dedant kitą partiją, intensyviai įmaišydami kiaušinius į tešlą. Įmušus visus kiaušinius, tešla turi atrodyti lyg ir blizgi.

d) Naudodami 2 šaukštus tešlą išgriebkite su vienu, o kitu švelniai stumkite tešlą nuo šaukšto į karštą aliejų. Leiskite kopūstams kepti 8-10 minučių, dažnai vartydami, kol gabalėliai išbrinks iki 3 kartų didesnio nei pradinio dydžio ir taps auksinės rudos spalvos bei traškūs.

e) Naudodami wok skimerį, perkelkite sluoksnius ant popieriniu rankšluosčiu išklotos lėkštės ir atvėsinkite 2-3 minutes. Likusį cukrų suberkite į dubenį ir supilkite į ji kubelius. Patiekite šiltą.

12. Chrizantema ir persikų Tong Sui

Ingridientai

- 3 puodeliai vandens
- ¾ puodelio granuliuoto cukraus
- ¼ puodelio šviesiai rudojo cukraus
- 2 colių šviežio imbiero gabalėlis, nuluptas ir susmulkintas
- 1 valgomasis šaukštas džiovintų chrizantemų pumpurų
- 2 dideli geltoni persikai, nulupti, be kauliukų ir supjaustyti į 8 skilteles

Kryptys:

a) Wok keptuvėje ant stiprios ugnies užvirinkite vandenį, tada sumažinkite ugnį iki vidutinės-žemos ir suberkite granuliuotą cukrų, rudąjį cukrų, imbierą ir chrizantemų pumpurus. Švelniai išmaišykite, kad ištirptų cukrus. Sudėkite persikus.

b) Lengvai troškinkite 10-15 minučių arba tol, kol persikai suminkštės. Jie gali suteikti sriubai gražią rausvą spalvą. Išmeskite imbierą, sriubą ir persikus padalinkite į dubenėlius ir patiekite.

PAGRINDINIS PATIEKALAS

13. Kiaušiniuose kepti ryžiai

Ingridientai:
- 5 puodeliai virtų ryžių
- 5 dideli kiaušiniai (padalinti)
- 2 šaukštai vandens
- ¼ arbatinio šaukštelio paprikos
- ¼ arbatinio šaukštelio ciberžolės
- 3 šaukštai aliejaus (padalinti)
- 1 vidutinio dydžio svogūnas, smulkiai pjaustytas
- ½ raudonosios paprikos, smulkiai pjaustytos
- ½ puodelio šaldytų žirnelių, atšildytų
- 1½ šaukštelio druskos
- ¼ arbatinio šaukštelio cukraus
- ¼ arbatinio šaukštelio juodųjų pipirų
- 2 laiškiniai svogūnai, susmulkinti

Kryptys:
a) Šakute supurtykite ryžius ir sulaužykite. Jei naudojate ką tik virtus ryžius, leiskite jiems stovėti ant stalviršio neuždengtus, kol nustos garuoti, prieš suplakant.
b) Viename dubenyje išplakite 3 kiaušinius. Kitame dubenyje išplakite kitus 2 kiaušinius, 2 šaukštus vandens, papriką ir ciberžolę. Atidėkite šiuos du dubenėlius į šalį.
c) Įkaitinkite wok keptuvę ant vidutinės ugnies ir įpilkite 2 šaukštus aliejaus. Įmuškite 3 išplaktus kiaušinius (be prieskonių) ir išplakite. Išimkite juos iš wok ir atidėkite į šalį.
d) Įkaitinkite wok ant stiprios ugnies ir įpilkite paskutinį šaukštą aliejaus. Sudėkite kubeliais pjaustytą svogūną ir papriką. Maišydami pakepinkite 1-2 minutes. Tada suberkite ryžius ir maišydami pakepinkite 2 minutes kaušelio judesiu,

kad ryžiai tolygiai įkaistų. Naudokite wok mentelę, kad išlygintumėte ir sulaužytumėte ryžių gumulėlius.

e) Tada ant ryžių supilkite likusį nevirtą kiaušinį ir prieskonių mišinį ir maišydami kepkite apie 1 minutę, kol visi ryžių grūdeliai pasidengs kiaušiniu.

f) Suberkite žirnelius ir nuolat maišydami pakepinkite dar minutę. Tada ant ryžių paskleiskite druską, cukrų ir juoduosius pipirus ir išmaišykite. Dabar turėtumėte matyti, kad nuo ryžių slenka šiek tiek garų, o tai reiškia, kad jie įkaista.

14. Klasikiniai kiaulienos kepti ryžiai

Ingridientai:

- 1 valgomasis šaukštas karšto vandens
- 1 arbatinis šaukštelis medaus
- 1 arbatinis šaukštelis sezamo aliejaus
- 1 arbatinis šaukštelis Shaoxing vyno
- 1 valgomasis šaukštas sojos padažo
- 1 arbatinis šaukštelis tamsaus sojų padažo
- $\frac{1}{4}$ arbatinio šaukštelio baltųjų pipirų
- 5 puodeliai virtų baltųjų ryžių
- 1 valgomasis šaukštas aliejaus
- 1 vidutinio dydžio svogūnas, supjaustytas kubeliais
- 1 svaras kiniškos BBQ kiaulienos, supjaustytos gabalėliais
- 2 kiaušiniai, plakta
- $\frac{1}{2}$ puodelio mung pupelių daigų
- 2 laiškiniai svogūnai, susmulkinti

Kryptys:

a) Pradėkite mažame dubenyje sumaišykite karštą vandenį, medų, sezamo aliejų, Shaoxing vyną, sojos padažą, tamsų sojų padažą ir baltuosius pipirus.

b) Paimkite virtus ryžius ir suplakite šakute arba rankomis.

c) Wok keptuvėje ant vidutinės ugnies įpilkite šaukštą aliejaus ir pakepinkite svogūnus iki skaidrumo. Įmaišykite kiaulienos kepsnį. Suberkite ryžius ir gerai išmaišykite. Supilkite padažo mišinį ir druską ir maišykite, kol ryžiai tolygiai pasidengs padažu.

d) Įmeskite kiaušinius, mung pupelių daigus ir svogūnus. Kruopščiai maišykite minutę ar dvi ir patiekite!

15. Girti makaronai

Ingridientai:

Vištienai ir marinatui:
- 2 šaukštai vandens
- 12 uncijų pjaustytų vištienos šlaunelių arba vištienos krūtinėlės
- 1 arbatinis šaukštelis sojos padažo
- 1 arbatinis šaukštelis aliejaus
- 2 arbatiniai šaukšteliai kukurūzų krakmolo

Likusiam patiekalui:
- 8 uncijų pločio džiovinti ryžių makaronai, virti
- 1½ arbatinio šaukštelio rudojo cukraus, ištirpinto 1 valgomajame šaukšte karšto vandens
- 2 arbatinius šaukštelius sojos padažo
- 1 arbatinis šaukštelis tamsaus sojų padažo
- 1 valgomasis šaukštas žuvies padažo
- 2 arbatiniai šaukšteliai austrių padažo
- žiupsnelis maltų baltųjų pipirų
- 3 šaukštai augalinio arba rapsų aliejaus (padalinti)
- 3 skiltelės česnako, supjaustytos
- ¼ arbatinio šaukštelio šviežio tarkuoto imbiero
- 2 askaloniniai česnakai, supjaustyti griežinėliais (apie ⅓ puodeliai)
- 1 svogūnas, susmulkintas į 3 colių gabalus
- 4 tajų raudonieji čili pipirai, be sėklų ir džiovinimo
- 1 puodelis laisvai supakuoto šventojo baziliko arba tailandietiško baziliko
- 5-6 gabalėliai kūdikių kukurūzų, padalyti per pusę (nebūtina)
- 2 arbatiniai šaukšteliai Shaoxing vyno

Kryptys:

a) Į pjaustytą vištieną rankomis įmaišykite 2 šaukštus vandens, kol vištiena sugers skystį. Supilkite sojos padažą, aliejų, kukurūzų krakmolą ir maišykite, kol vištiena pasidengs tolygiai. Atidėkite 20 minučių.
b) Mažame dubenyje sumaišykite ištirpintą rudojo cukraus mišinį, sojų padažus, žuvies padažą, austrių padažą ir baltuosius pipirus ir atidėkite.
c) Įkaitinkite wok, kol jis beveik pradės rūkyti, ir ištepkite 2 šaukštus aliejaus aplink wok keptuvės perimetrą. Įdėkite vištieną ir leiskite apkepti po 1 minutę iš abiejų pusių, kol ji iškeps maždaug 90%. Išimkite iš wok ir atidėkite į šalį. Jei karštis buvo pakankamai aukštas ir tinkamai apkepinote mėsą, jūsų wok vis tiek turėtų būti švarus ir prie jo nieko neprilipti. Jei ne, galite nuplauti wok, kad ryžių makaronai nepriliptų.
d) Tęskite wok keptuvę ant stiprios ugnies ir įpilkite 1 šaukštą aliejaus kartu su česnaku ir tarkuotu imbieru.
e) Po kelių sekundžių suberkite askaloninius česnakus. Maišydami pakepinkite 20 sekundžių ir suberkite svogūnus, čili pipirus, baziliką, kūdikius kukurūzus ir Shaoxing vyną. Maišydami pakepinkite dar 20 sekundžių ir suberkite ryžių makaronus. Viską maišykite kaušeliu dar minutę, kol makaronai sušils.
f) Tada supilkite paruoštą padažo mišinį ir maišydami kepkite ant aukščiausios ugnies apie 1 minutę, kol makaronai taps vienodos spalvos. Pasirūpinkite, kad metaline mentele subraižytumėte wok dugną, kad nepriliptų.
g) Sudėkite apkeptą vištieną ir maišydami pakepinkite dar 1-2 minutes. Tarnauti!

16. Sičuano ir makaronų

Ingridientai:

Čili aliejui:
- 2 šaukštai Sičuano pipirų-kukurūzų
- 1 colio ilgio cinamono gabalėlis
- 2 žvaigždučių anyžius
- 1 puodelis aliejaus
- ¼ puodelio maltų raudonųjų pipirų dribsnių

Mėsai ir sui mi ya cai:
- 3 arbatiniai šaukšteliai aliejaus (padalinti)
- 8 uncijos. malta kiauliena
- 2 arbatiniai šaukšteliai saldžiųjų pupelių padažo arba hoisin padažo
- 2 arbatiniai šaukšteliai shaoxing vyno
- 1 arbatinis šaukštelis tamsaus sojų padažo
- ½ arbatinio šaukštelio penkių prieskonių miltelių
- ⅓ puodelis sui mi ya cai

Padažui:
- 2 šaukštai sezamo pastos (tahini)
- 3 šaukštai sojos padažo
- 2 arbatinius šaukštelius cukraus
- ¼ arbatinio šaukštelio penkių prieskonių miltelių
- ½ arbatinio šaukštelio Sičuano pipirų miltelių
- ½ puodelio paruošto čili aliejaus
- 2 skiltelės česnako, labai smulkiai sumaltos
- ¼ puodelio karšto virimo vandens iš makaronų

Makaronams ir daržovėms:
- 1 svaras šviežių arba džiovintų baltų makaronų, vidutinio tirštumo
- 1 nedidelė ryšelis lapinių žalumynų (špinatai, bok choy arba choy sum)

Surinkti:
- kapotų žemės riešutų (nebūtina)
- kapotų laiškinių svogūnų

Kryptys:
a) Mėsos mišinio paruošimas: Wok keptuvėje ant vidutinės ugnies įkaitinkite arbatinį šaukštelį aliejaus ir apkepkite maltą kiaulieną. Įpilkite saldžiųjų pupelių padažo, Shaoxing vyno, tamsaus sojos padažo ir penkių prieskonių miltelių. Virkite, kol visas skystis išgaruos. Atidėti. Wok keptuvėje ant vidutinės ugnies įkaitinkite kitus 2 arbatinius šaukštelius aliejaus ir kelias minutes pakepinkite sui mi ya cai (marinuotas daržoves). Atidėti.
b) Padažui gaminti: Sumaišykite visus padažo ingredientus. Paragaukite ir, jei norite, pakoreguokite prieskonius. Galite supurenti dar karštu vandeniu, įberti daugiau Sičuano pipirų miltelių.
c) Makaronų ir daržovių paruošimas: išvirkite makaronus pagal pakuotės nurodymus ir nusausinkite. Blanširuokite žalumynus makaronų vandenyje ir nusausinkite.
d) Padažą padalinkite į keturis dubenėlius, po to sudėkite makaronus ir lapinius žalumynus. Ant viršaus uždėkite virtą kiaulieną ir sui mi ya cai. Pabarstykite smulkintais žemės riešutais (nebūtina) ir laiškiniais svogūnais.
e) Viską sumaišykite ir mėgaukitės!

17. Pork Congee

Ingridientai:

- 10 puodelių vandens
- ¾ puodelio jazminų ryžių, nuplauti ir nusausinti
- 1 arbatinis šaukštelis košerinės druskos
- 2 arbatiniai šaukšteliai nulupto malto šviežio imbiero
- 2 česnako skiltelės, susmulkintos
- 1 valgomasis šaukštas šviesaus sojų padažo, dar daugiau – patiekimui
- 2 arbatiniai šaukšteliai Shaoxing ryžių vyno
- 2 arbatiniai šaukšteliai kukurūzų krakmolo
- 6 uncijos maltos kiaulienos
- 2 šaukštai augalinio aliejaus
- Marinuotos kiniškos daržovės, plonais griežinėliais, patiekimui (nebūtina)
- Svogūnų-imbiero aliejus, patiekimui (nebūtina)
- Keptas čili aliejus, patiekimui (nebūtina)
- Sezamo aliejus, patiekimui (nebūtina)

Kryptys:

a) Puode su storu dugnu užvirinkite vandenį. Įmaišykite ryžius ir druską ir sumažinkite ugnį, kad užvirtų. Uždenkite ir virkite, retkarčiais pamaišydami, apie 1½ valandos, kol ryžiai taps minkšta, panaši į košę.

b) Kol pyragas kepa, vidutiniame dubenyje sumaišykite imbierą, česnaką, šviesią soją, ryžių vyną ir kukurūzų krakmolą. Įdėkite kiaulieną ir palikite marinuotis 15 minučių.

c) Kaitinkite wok keptuvę ant vidutinės-stiprios ugnies, kol susilietus sušnypš ir išgaruos vandens lašas. Supilkite augalinį aliejų ir pasukite, kad padengtumėte wok dugną. Sudėkite kiaulieną ir pakepinkite, išmesdami ir sulaužydami mėsą, maždaug 2 minutes.

d) Virkite dar 1–2 minutes nemaišydami, kad šiek tiek karamelizuotų.

e) Patiekite sriubos dubenėlius su kepta kiauliena. Papuoškite pasirinktais priedais.

18. Kepti ryžiai su krevetėmis, kiaušiniu ir svogūnais

Ingridientai:
- 2 šaukštai augalinio aliejaus
- Košerinė druska
- 1 didelis kiaušinis, sumuštas
- ½ svaro krevečių (bet kokio dydžio), nuluptų, nuluptų ir supjaustytų kąsnio dydžio gabalėliais
- 1 arbatinis šaukštelis smulkiai sumalto šviežio imbiero
- 2 česnako skiltelės, smulkiai susmulkintos
- ½ puodelio šaldytų žirnelių ir morkų
- 2 laiškiniai svogūnai, plonais griežinėliais, padalinti
- 3 puodeliai šaltai virtų ryžių
- 3 šaukštai nesūdyto sviesto
- 1 valgomasis šaukštas šviesaus sojų padažo
- 1 valgomasis šaukštas sezamo aliejaus

Kryptys:
a) Kaitinkite wok keptuvę ant vidutinės-stiprios ugnies, kol susilietus sušnypš ir išgaruos vandens lašas. Supilkite augalinį aliejų ir pasukite, kad padengtumėte wok dugną. Pagardinkite aliejų, įberdami nedidelį žiupsnelį druskos. Įmuškite kiaušinį ir greitai išplakite.

b) Paspauskite kiaušinį prie wok keptuvės šonų, kad susidarytų centrinis žiedas ir kartu sudėkite krevetes, imbierą ir česnaką. Maišydami pakepinkite krevetes su nedideliu žiupsneliu druskos 2-3 minutes, kol jos taps nepermatomos ir rausvos. Suberkite žirnelius ir morkas bei pusę laiškinių svogūnų ir maišydami pakepinkite dar minutę.

c) Suberkite ryžius, sulaužydami visus didelius gabalėlius, išmeskite ir apverskite, kad visi ingredientai susimaišytų. Maišydami pakepinkite 1 minutę, tada viską stumkite į wok keptuvės šonus, palikdami duobutę wok dugne.

d) Įpilkite sviesto ir šviesios sojos, leiskite sviestui ištirpti ir burbuliuoti, tada viską išmaišykite, kad pasidengtų, maždaug 30 sekundžių.

e) Iškeptus ryžius lygiu sluoksniu paskleiskite wok keptuvėje ir leiskite ryžiams stovėti prie wok keptuvės maždaug 2 minutes, kad šiek tiek sutrupėtų. Apšlakstykite sezamų aliejumi ir pagardinkite kitu nedideliu žiupsneliu druskos. Perkelkite į lėkštę ir nedelsdami patiekite, papuoškite likusiais laiškiniais svogūnais.

19. Rūkyti upėtakių kepti ryžiai

Ingridientai:
- 2 dideli kiaušiniai
- 1 arbatinis šaukštelis sezamo aliejaus
- Košerinė druska
- Malti baltieji pipirai
- 1 valgomasis šaukštas šviesaus sojų padažo
- ½ arbatinio šaukštelio cukraus
- 3 šaukštai ghi arba augalinio aliejaus, padalinti
- 1 arbatinis šaukštelis smulkiai sumalto šviežio imbiero
- 2 česnako skiltelės, smulkiai susmulkintos
- 3 puodeliai šaltai virtų ryžių
- 4 uncijos rūkyto upėtakio, susmulkinto kąsnio dydžio gabalėliais
- ½ puodelio plonai pjaustytų romėnų salotų širdelių
- 2 laiškiniai svogūnai, plonais griežinėliais
- ½ arbatinio šaukštelio baltųjų sezamų sėklų

Kryptys:
a) Dideliame dubenyje išplakite kiaušinius su sezamų aliejumi ir žiupsneliu druskos bei baltųjų pipirų, kol viskas susimaišys. Mažame dubenyje sumaišykite šviesią soją ir cukrų, kad cukrus ištirptų. Atidėti.

b) Kaitinkite wok keptuvę ant vidutinės-stiprios ugnies, kol susilietus sušnypš ir išgaruos vandens lašas. Supilkite 1 šaukštą ghi ir pasukite, kad padengtumėte wok dugną. Supilkite kiaušinių mišinį ir karščiui atsparia mentele pasukite ir purtykite kiaušinius, kad iškeptų. Kiaušinius perkelkite į lėkštę, kai tik išvirs, bet neišdžius.

c) Į wok keptuvę įpilkite likusius 2 šaukštus ghi kartu su imbieru ir česnaku. Greitai pakepinkite, kol česnakai ir imbieras taps aromatingi, tačiau stenkitės, kad nesudegtų. Įpilkite ryžių ir sojų mišinio ir išmaišykite, kad susimaišytų. Tęskite maišydami kepti, apie 3 minutes. Sudėkite upėtakį ir virtą kiaušinį ir maišydami pakepinkite, kad jie sutrupėtų, maždaug 20 sekundžių. Sudėkite salotas ir laiškinius svogūnus ir pakepinkite, kol jie abu taps ryškiai žali.

d) Perkelkite į serviravimo lėkštę ir pabarstykite sezamo sėklomis.

20. Šlamštas kepti ryžiai

Ingridientai:
- 1 valgomasis šaukštas augalinio aliejaus
- 2 nuluptų šviežių imbiero griežinėlių
- Košerinė druska
- 1 (12 uncijų) skardinė Šlamštas, supjaustytas ½ colio kubeliais
- ½ baltojo svogūno, supjaustyto ¼ colio kubeliais
- 2 česnako skiltelės, smulkiai susmulkintos
- ½ puodelio šaldytų žirnelių ir morkų
- 2 laiškiniai svogūnai, plonais griežinėliais, padalinti
- 3 puodeliai šaltai virtų ryžių
- ½ puodelio konservuotų ananasų gabaliukų, sultys rezervuotos
- 3 šaukštai nesūdyto sviesto
- 2 šaukštai šviesaus sojų padažo
- 1 arbatinis šaukštelis sriracha
- 1 arbatinis šaukštelis šviesiai rudojo cukraus
- 1 valgomasis šaukštas sezamo aliejaus

Kryptys:

a) Kaitinkite wok keptuvę ant vidutinės-stiprios ugnies, kol susilietus sušnypš ir išgaruos vandens lašas. Supilkite augalinį aliejų ir pasukite, kad padengtumėte wok dugną. Pagardinkite aliejų, įberdami imbiero ir nedidelį žiupsnelį druskos. Leiskite imbierui čirškėti aliejuje apie 30 sekundžių, švelniai sukdami.

b) Sudėkite kubeliais supjaustytą šlamštą ir tolygiai paskirstykite ant wok dugno. Prieš mėtydami ir apversdami, leiskite šlamštui išdžiūti. Toliau maišydami kepkite šlamštą 5-6 minutes, kol jis iš visų pusių taps auksinis ir traškus.

c) Sudėkite svogūną ir česnaką ir maišydami pakepinkite apie 2 minutes, kol svogūnas pradės atrodyti skaidrus. Sudėkite žirnelius ir morkas bei pusę laiškinių svogūnų. Maišydami pakepinkite dar minutę.

d) Suberkite ryžius ir ananasus, sulaužydami visus didelius ryžių gabalėlius, išmeskite ir apverskite, kad visi ingredientai susimaišytų. Maišydami pakepinkite 1 minutę, tada viską stumkite į wok keptuvės šonus, palikdami duobutę wok dugne.

e) Įpilkite sviesto, rezervuotų ananasų sulčių, šviesios sojos, sriracha ir rudojo cukraus. Išmaišykite, kad ištirptų cukrus, o padažas užvirtų, tada virkite apie minutę, kad padažas sumažėtų ir šiek tiek sutirštėtų. Viską sumaišykite, kad padengtumėte, maždaug 30 sekundžių.

f) Keptus ryžius paskleiskite tolygiu sluoksniu wok keptuvėje ir leiskite ryžiams stovėti prie wok keptuvės, kad šiek tiek sutrupėtų, maždaug 2 minutes. Išimkite imbierą ir išmeskite.

Apšlakstykite sezamų aliejumi ir pagardinkite kitu nedideliu žiupsneliu druskos. Perkelkite į lėkštę ir papuoškite likusiais laiškiniais svogūnais. Patiekite iš karto.

21. Virti ryžiai su Lap Cheung ir Bok Choy

Ingridientai:
- 1½ puodelio jazminų ryžių
- 4 lap cheung (kiniška dešra) nuorodos arba ispaniškas chorizo
- 4 baby bok choy galvutės, kiekviena supjaustyta į 6 pleištus
- ¼ puodelio augalinio aliejaus
- 1 mažas askaloninis česnakas, plonais griežinėliais
- 1 colio šviežio imbiero gabalėlis, nuluptas ir smulkiai sumaltas
- 1 česnako skiltelė, nulupta ir smulkiai sumalta
- 2 arbatiniai šaukšteliai šviesaus sojų padažo
- 1 valgomasis šaukštas tamsaus sojų padažo
- 2 arbatiniai šaukšteliai Shaoxing ryžių vyno
- 1 arbatinis šaukštelis sezamo aliejaus
- Cukrus

Kryptys:
a) Maišymo dubenyje ryžius nuplaukite ir 3 ar 4 kartus perbraukite po šaltu vandeniu, perbraukite ryžius vandenyje, kad nuplautumėte krakmolą. Užpildykite ryžius šaltu vandeniu ir palikite 2 valandas. Ryžius nusausinkite per ploną tinklelį sietelį.

b) Išskalaukite du bambukinius garintuvo krepšelius ir jų dangčius po šaltu vandeniu ir vieną krepšį įdėkite į wok keptuvę. Įpilkite 2 colių vandens arba tiek, kad vandens lygis pakiltų $\frac{1}{4}$-$\frac{1}{2}$ colio aukščiau garintuvo apatinio krašto, bet ne taip aukštai, kad vanduo liestų garintuvo dugną.

c) Lėkštę išklokite marlės gabalėliu ir į lėkštę suberkite pusę išmirkytų ryžių. Ant viršaus išdėliokite 2 dešreles ir pusę „bok choy" ir laisvai suriškite marlę, kad aplink ryžius liktų pakankamai vietos, kad jie galėtų išsiplėsti. Įdėkite lėkštę į garintuvo krepšį. Pakartokite procesą su kita lėkšte, daugiau marlės ir likusia dešra bei bok choy antrame garintuvo krepšyje, tada sudėkite ant pirmojo ir uždenkite.

d) Įjunkite ugnį iki vidutinės ir užvirinkite vandenį. Virkite ryžius 20 minučių, dažnai tikrinkite vandens lygį ir prireikus įpilkite daugiau.

e) Kol ryžiai garuoja, nedideliame puode įkaitinkite augalinį aliejų ant vidutinės ugnies, kol jis pradės rūkti. Išjunkite ugnį ir suberkite askaloninius česnakus, imbierą ir česnaką. Išmaišykite ir įpilkite šviesios sojos, tamsios sojos, ryžių vyno, sezamo aliejaus ir žiupsnelį cukraus. Atidėkite atvėsti.

f) Kai ryžiai bus paruošti, atsargiai atsukite marlę ir perkelkite ryžius bei bok choy į lėkštę. Dešreles supjaustykite įstrižai ir išdėliokite ant ryžių. Patiekite su imbiero sojų aliejumi ant šono.

22. Česnakiniai makaronai

Ingridientai:

- ½ svaro šviežių kiniškų kiaušinių makaronų, virti
- 2 šaukštai sezamo aliejaus, padalinti
- 2 šaukštai šviesiai rudojo cukraus
- 2 šaukštai austrių padažo
- 1 valgomasis šaukštas šviesaus sojų padažo
- ½ arbatinio šaukštelio maltų baltųjų pipirų
- 6 šaukštai nesūdyto sviesto
- 8 česnako skiltelės, smulkiai susmulkintos
- 6 laiškiniai svogūnai, plonais griežinėliais

Kryptys:

a) Apšlakstykite makaronus 1 šaukštu sezamo aliejaus ir išmeskite, kad padengtų. Atidėti.

b) Mažame dubenyje sumaišykite rudąjį cukrų, austrių padažą, šviesią soją ir baltuosius pipirus. Atidėti.

c) Įkaitinkite wok keptuvę ant vidutinės-stiprios ugnies ir ištirpinkite sviestą. Sudėkite česnaką ir pusę laiškinių svogūnų. Maišydami pakepinkite 30 sekundžių.

d) Supilkite padažą ir išmaišykite, kad susimaišytų su sviestu ir česnaku. Padažą užvirinkite ir suberkite makaronus. Supilkite makaronus, kad jie pasidengtų padažu, kol jie sušils.

23. Singapūro makaronai

Ingridientai:

- ½ svaro džiovintų ryžių vermišelių makaronų
- ½ svaro vidutinių krevečių, nuluptų ir nuskustų
- 3 šaukštai kokosų aliejaus, padalinti
- Košerinė druska
- 1 mažas baltas svogūnas, plonai supjaustytas juostelėmis
- ½ žaliosios paprikos, supjaustytos plonomis juostelėmis
- ½ raudonosios paprikos, supjaustytos plonomis juostelėmis
- 2 česnako skiltelės, smulkiai susmulkintos
- 1 puodelis šaldytų žirnelių, atšildytų
- ½ svaro kiniškos keptos kiaulienos, supjaustytos plonomis juostelėmis
- 2 arbatiniai šaukšteliai kario miltelių
- Šviežiai malti juodieji pipirai
- 1 laimo sultys
- 8-10 šviežių kalendros šakelių

Kryptys:
a) Užvirkite didelį puodą vandens ant stiprios ugnies. Išjunkite ugnį ir sudėkite makaronus. Mirkykite 4-5 minutes, kol makaronai taps nepermatomi. Atsargiai nusausinkite

makaronus kiaurasamtyje. Nuplaukite makaronus šaltu vandeniu ir atidėkite.

b) Nedideliame dubenyje pagardinkite krevetes žuvies padažu (jei naudojate) ir atidėkite 5 minutėms. Jei nenorite naudoti žuvies padažo, vietoj to krevetes pagardinkite žiupsneliu druskos.

c) Kaitinkite wok keptuvę ant vidutinės-stiprios ugnies, kol susilietus sušnypš ir išgaruos vandens lašas. Supilkite 2 šaukštus kokosų aliejaus ir pasukite, kad padengtumėte wok keptuvės pagrindą. Pagardinkite aliejų, įberdami nedidelį žiupsnelį druskos. Sudėkite krevetes ir maišydami pakepinkite 3–4 minutes arba tol, kol krevetės taps rausvos spalvos. Perkelkite į švarų dubenį ir atidėkite.

d) Įpilkite likusį 1 šaukštą kokosų aliejaus ir pasukite, kad apsemtų wok keptuvę. Maišydami pakepinkite svogūną, papriką ir česnaką 3–4 minutes, kol svogūnai ir paprikos suminkštės. Suberkite žirnelius ir maišydami pakepinkite, kol tik įkais, maždaug dar minutę.

e) Įdėkite kiaulieną ir grąžinkite krevetes į wok keptuvę. Sumaišykite su kario milteliais ir pagardinkite druska bei pipirais. Sudėkite makaronus ir išmaišykite, kad sumaišytumėte. Makaronai įgaus ryškiai aukso geltonumo spalvą, kai ir toliau švelniai maišysite juos su kitais ingredientais. Toliau maišydami kepkite ir plakite apie 2 minutes, kol makaronai įkais.

f) Makaronus perkelkite į lėkštę, apšlakstykite laimo sultimis ir papuoškite kalendra. Patiekite iš karto.

24. Hakka makaronai

Ingridientai:

- ¾ svaro šviežių miltų makaronų
- 3 šaukštai sezamo aliejaus, padalinti
- 2 šaukštai šviesaus sojų padažo
- 1 valgomasis šaukštas ryžių acto
- 2 arbatinius šaukštelius šviesiai rudojo cukraus
- 1 arbatinis šaukštelis sriracha
- 1 arbatinis šaukštelis kepto čili aliejaus
- Košerinė druska
- Malti baltieji pipirai
- 2 šaukštai augalinio aliejaus
- 1 valgomasis šaukštas nulupto smulkiai sumalto šviežio imbiero
- ½ galvos žalių kopūstų, susmulkintų
- ½ raudonosios paprikos, supjaustytos plonomis juostelėmis
- ½ raudonojo svogūno, supjaustyto plonomis vertikaliomis juostelėmis
- 1 didelė morka, nulupta ir nulupta
- 2 česnako skiltelės, smulkiai susmulkintos
- 4 laiškiniai svogūnai, plonais griežinėliais

Kryptys:

a) Puodą vandens užvirinkite ir išvirkite makaronus pagal pakuotės instrukcijas. Nusausinkite, nuplaukite ir supilkite 2 šaukštus sezamo aliejaus. Atidėti.

b) Mažame dubenyje sumaišykite šviesią soją, ryžių actą, rudąjį cukrų, sriracha, čili aliejų ir žiupsnelį druskos bei baltųjų pipirų. Atidėti.

c) Kaitinkite wok keptuvę ant vidutinės-stiprios ugnies, kol susilietus sušnypš ir išgaruos vandens lašas. Supilkite augalinį aliejų ir pasukite, kad padengtumėte wok dugną. Pagardinkite aliejų, įberdami imbiero ir nedidelį žiupsnelį druskos. Leiskite imbierui čirškėti aliejuje apie 10 sekundžių, švelniai sukdami.

d) Sudėkite kopūstą, papriką, svogūną ir morkas ir maišydami pakepinkite 4-5 minutes arba tol, kol daržovės suminkštės ir svogūnas pradės šiek tiek karamelizuotis. Sudėkite česnaką ir maišydami pakepinkite, kol pasidarys kvapnus, dar apie 30 sekundžių. Įmaišykite padažo mišinį ir užvirinkite. Sumažinkite ugnį iki vidutinės ir troškinkite padažą 1-2 minutes. Sudėkite svogūnus ir išmaišykite, kad sumaišytumėte.

e) Sudėkite makaronus ir išmaišykite, kad sumaišytumėte. Padidinkite ugnį iki vidutinės ir maišydami kepkite 1-2 minutes, kad makaronai įkaistų. Perkelkite į lėkštę, apšlakstykite likusiu 1 šaukštu sezamo aliejaus ir patiekite karštą.

25. Pad See We

Ingridientai:

- 2 arbatiniai šaukšteliai tamsaus sojų padažo
- 2 arbatiniai šaukšteliai kukurūzų krakmolo
- 2 arbatiniai šaukšteliai žuvies padažo, padalinti
- ½ arbatinio šaukštelio košerinės druskos
- Malti baltieji pipirai
- ¾ svaro šoninio kepsnio arba nugarinės galiukų, supjaustytų per grūdą ⅛ colio storio griežinėliais
- 2 šaukštai austrių padažo
- 1 valgomasis šaukštas šviesaus sojų padažo
- ½ arbatinio šaukštelio cukraus
- 1½ svaro šviežių plačių ryžių makaronų arba džiovintų ryžių makaronų
- 5 šaukštai augalinio aliejaus, padalinti
- 4 česnako skiltelės, smulkiai supjaustytos
- 1 krūva kiniškų brokolių (gai lan), stiebai supjaustyti įstrižai ½ colio gabalėliais, lapai supjaustyti kąsnio dydžio gabalėliais
- 2 dideli kiaušiniai, sumušti

Kryptys:

a) Maišymo dubenyje sumaišykite tamsią soją, kukurūzų krakmolą, žuvies padažą, druską ir žiupsnelį baltųjų pipirų.

Sudėkite jautienos griežinėlius ir išmaišykite, kad apsemtų. Atidėkite marinuotis 10 minučių.

b) Kitame dubenyje sumaišykite austrių padažą, šviesią soją, likusį 1 arbatinį šaukštelį žuvies padažo ir cukrų. Atidėti.

c) Kaitinkite wok keptuvę ant vidutinės-stiprios ugnies, kol susilietus sušnypš ir išgaruos vandens lašas. Supilkite 2 šaukštus aliejaus ir pasukite, kad pasidengtų wok keptuvės pagrindas. Žnyplėmis perkelkite jautieną į wok keptuvę ir palikite marinatą. Jautieną kepkite ant wok keptuvės 2–3 minutes, kol ji paruduos ir susidarys apskrudusi plutelė. Grąžinkite jautieną į marinato dubenį ir įmaišykite austrių padažo mišinį.

d) Įpilkite dar 2 šaukštus aliejaus ir maišydami pakepinkite česnaką 30 sekundžių. Suberkite kiniškų brokolių stiebus ir maišydami pakepinkite 45 sekundes, viskam judėdami, kad česnakas nesudegtų.

e) Brokolių stiebus prispauskite prie wok keptuvės šonų, palikdami wok dugną tuščią. Įpilkite likusį 1 šaukštą aliejaus ir į duobutę išplakite kiaušinius, tada sumaišykite juos.

f) Sudėkite makaronus, padažą ir jautieną, greitai išmaišykite ir apverskite, kad visi ingredientai susimaišytų, maišydami kepkite dar 30 sekundžių. Sudėkite brokolių lapus ir maišydami pakepinkite dar 30 sekundžių arba kol lapai pradės vyti. Grąžinkite į lėkštę ir nedelsdami patiekite.

26. Vištienos Chow Mein

Ingridientai:
- ½ svaro šviežių plonų Honkongo stiliaus kiaušinių makaronų
- 1½ šaukšto sezamo aliejaus, padalinta
- 2 arbatiniai šaukšteliai Shaoxing ryžių vyno
- 2 arbatiniai šaukšteliai šviesaus sojų padažo
- Malti baltieji pipirai
- ½ svaro vištienos šlaunelių, supjaustytų plonomis juostelėmis
- ¼ puodelio mažai natrio turinčio vištienos sultinio
- 2 arbatiniai šaukšteliai tamsaus sojų padažo
- 2 arbatiniai šaukšteliai austrių padažo
- 2 arbatiniai šaukšteliai kukurūzų krakmolo
- 4 šaukštai augalinio aliejaus, padalinti
- 3 galvutės baby bok choy, supjaustytos kąsnio dydžio gabalėliais
- 2 česnako skiltelės, smulkiai susmulkintos
- 1 didelė sauja (2-3 uncijos) mung pupelių daigų

Kryptys:
a) Puodą vandens užvirinkite ir išvirkite makaronus pagal pakuotės instrukcijas. Rezervuokite 1 puodelį virimo vandens ir nusausinkite makaronus kiaurasamtyje. Nuplaukite

makaronus šaltu vandeniu ir apšlakstykite 1 šaukštą sezamo aliejaus. Išmeskite, kad padengtumėte ir atidėkite.

b) Dubenyje sumaišykite ryžių vyną, šviesią soją ir žiupsnelį baltųjų pipirų. Išmeskite vištienos gabalėlius, kad jie pasidengtų, ir marinuokite 10 minučių. Mažame dubenyje sumaišykite vištienos sultinį, tamsią soją, likusį ½ šaukšto sezamo aliejaus, austrių padažą ir kukurūzų krakmolą. Atidėti.

c) Kaitinkite wok keptuvę ant vidutinės-stiprios ugnies, kol susilietus sušnypš ir išgaruos vandens lašas. Supilkite 3 šaukštus augalinio aliejaus ir pasukite, kad pasidengtų wok keptuvės pagrindas. Sudėkite makaronus vienu sluoksniu ir kepkite 2-3 minutes arba tol, kol jie taps auksinės rudos spalvos. Atsargiai apverskite makaronus ir kepkite iš kitos pusės dar 2 minutes arba tol, kol makaronai taps traškūs, rudi ir susiformuos į birų pyragą. Perkelkite į popieriniu rankšluosčiu išklotą lėkštę ir atidėkite.

d) Įpilkite likusį 1 valgomąjį šaukštą augalinio aliejaus ir maišydami kepkite vištieną ir marinatą 2-3 minutes, kol vištiena nebebus rausva ir marinatas išgaruos. Sudėkite bok choy ir česnaką, maišydami kepkite, kol bok choy stiebai suminkštės, maždaug dar minutę.

e) Supilkite padažą ir sumaišykite su vištiena ir bok choy.

f) Grąžinkite makaronus ir, braukdami ir keldami, maišykite makaronus su vištiena ir daržovėmis apie 2 minutes, kol pasidengs padažu. Jei makaronai atrodo šiek tiek sausi, plakdami įpilkite šaukštą rezervuoto virimo vandens.

Suberkite pupelių daigus ir maišydami pakepinkite, pakeldami ir išgriebdami dar 1 minutę.

g) Perkelkite į lėkštę ir patiekite karštą.

27. Jautiena Lo Mein

Ingridientai:

- ½ svaro šviežių lo mein kiaušinių makaronų, virti
- 2 šaukštai sezamo aliejaus, padalinti
- 2 šaukštai Shaoxing ryžių vyno
- 2 šaukštai kukurūzų krakmolo, padalinti
- 2 šaukštai tamsaus sojų padažo
- Malti baltieji pipirai
- ½ svaro jautienos nugarinės galiukų, supjaustytų per grūdus plonomis juostelėmis
- 3 šaukštai augalinio aliejaus, padalinti
- 2 nuluptos šviežio imbiero griežinėliai, kurių kiekviena yra maždaug ketvirčio dydžio
- Košerinė druska
- ½ raudonosios paprikos, supjaustytos plonomis juostelėmis
- 1 puodelis sniego žirnių, nuimtos stygos
- 2 česnako skiltelės, smulkiai susmulkintos
- 2 puodeliai mung pupelių daigų

Kryptys:
a) Apšlakstykite makaronus 1 šaukštu sezamo aliejaus ir išmeskite, kad padengtų. Atidėti.

b) Dubenyje sumaišykite ryžių vyną, 2 arbatinius šaukštelius kukurūzų krakmolo, tamsią soją ir žiupsnelį baltųjų pipirų. Sudėkite jautieną ir išmeskite, kad apsemtų. Atidėkite 10 minučių, kad pasimarinuotų.

c) Kaitinkite wok keptuvę ant vidutinės-stiprios ugnies, kol susilietus sušnypš ir išgaruos vandens lašas. Supilkite augalinį aliejų ir pasukite, kad padengtumėte wok dugną. Pagardinkite aliejų, įberdami imbiero ir nedidelį žiupsnelį druskos. Leiskite imbierui čirškėti aliejuje apie 30 sekundžių, švelniai sukdami. Įpilkite jautienos, palikdami marinatą, ir kepkite ant wok 2–3 minutes. Išmeskite ir apverskite jautieną, maišydami kepkite dar 1 minutę arba tol, kol nebebus rausvos spalvos. Perkelkite į dubenį ir atidėkite.

d) Įpilkite likusį 1 valgomąji šaukštą augalinio aliejaus ir maišydami pakepinkite papriką 2–3 minutes, kol suminkštės. Suberkite sniego žirnelius ir česnaką, maišydami pakepinkite dar minutę arba tol, kol česnakas taps kvapnus.

e) Pastumkite visus ingredientus į wok keptuvės šonus ir supilkite likusį sezamų aliejų, rezervuotą marinatą, likusį kukurūzų krakmolą ir virimo vandenį. Sumaišykite ir užvirinkite. Grąžinkite jautieną į wok keptuvę ir sumaišykite su daržovėmis 1–2 minutes.

f) Sumaišykite lo mein makaronus su jautiena ir daržovėmis, kol makaronai pasidengs padažu. Suberkite pupelių daigus ir išmaišykite, kad susimaišytų. Išimkite ir išmeskite imbierą. Perkelkite į lėkštę ir patiekite.

28. Dan Dan Makaronai

Ingridientai:

- ¾ svaro plonų kvietinių makaronų
- 4 uncijos maltos kiaulienos
- 4 šaukštai augalinio aliejaus, padalinti
- 2 šaukštai Shaoxing ryžių vyno, padalinti
- Košerinė druska
- ¼ puodelio šviesaus sojų padažo
- 2 šaukštai lygaus žemės riešutų sviesto
- 1 valgomasis šaukštas juodojo acto
- 3 česnako skiltelės, smulkiai susmulkintos
- 2 arbatinius šaukštelius šviesiai rudojo cukraus
- 1 arbatinis šaukštelis skrudintų ir maltų Sičuano pipirų
- 1 colio gabalas šviežio imbiero, nulupto ir smulkiai sumalto
- 1 valgomasis šaukštas raugintų juodųjų pupelių, nuplautų ir susmulkintų
- 2 mažos galvutės baby bok choy, stambiai pjaustytos
- 2 šaukštai kepto čili aliejaus
- ½ puodelio smulkiai pjaustytų sausų skrudintų žemės riešutų

Kryptys:

a) Užvirinkite didelį puodą vandens ir išvirkite makaronus pagal pakuotės instrukcijas. Nusausinkite ir nuplaukite šaltu vandeniu ir atidėkite. Užpildykite puodą šviežiu vandeniu ir užvirkite ant viryklės.

b) Dubenyje sumaišykite kiaulieną su 1 šaukštu augalinio aliejaus, 1 šaukštu ryžių vyno ir žiupsneliu druskos. Atidėkite marinuotis 10 minučių.

c) Nedideliame dubenyje suplakite likusį 1 šaukštą ryžių vyno, šviesią soją, žemės riešutų sviestą, juodąjį actą, česnaką, rudąjį cukrų, Sičuano pipirų žirnelius, imbierą ir juodąsias pupeles. Atidėti.

d) Kaitinkite wok keptuvę ant vidutinės-stiprios ugnies, kol susilietus sušnypš ir išgaruos vandens lašas. Supilkite 2 šaukštus augalinio aliejaus ir pasukite, kad pasidengtų wok keptuvės pagrindas. Įdėkite kiaulieną ir maišydami kepkite 4-6 minutes, kol paruduos ir šiek tiek traškios. Supilkite padažo mišinį ir išmaišykite, kad susimaišytų, troškinkite 1 minutę. Perkelkite į švarų dubenį ir atidėkite.

e) Nuvalykite wok keptuvę ir įpilkite likusį 1 šaukštą augalinio aliejaus. Greitai maišydami kepkite bok choy 1-2 minutes, kol suminkštės ir suminkštės. Įdėkite į kiaulienos dubenį ir išmaišykite.

f) Norėdami surinkti, panardinkite makaronus į verdantį vandenį 30 sekundžių, kad jie vėl įkais. Nusausinkite ir padalykite juos į 4 gilius dubenėlius.

29. Jautienos čiau linksmybės

Ingridientai:

- ¼ puodelio Shaoxing ryžių vyno
- ¼ puodelio šviesaus sojų padažo
- 2 šaukštai kukurūzų krakmolo
- 1½ šaukšto tamsaus sojų padažo
- 1½ šaukšto tamsaus sojų padažo
- ½ arbatinio šaukštelio cukraus
- ¾ svaro šoninio kepsnio arba nugarinės galiukų, supjaustytų griežinėliais
- 1½ svaro šviežių plačių ryžių makaronų, virti
- 2 šaukštai sezamo aliejaus, padalinti
- 3 šaukštai augalinio aliejaus, padalinti
- 4 nuluptos šviežio imbiero griežinėliai
- 8 laiškiniai svogūnai, perpjauti per pusę išilgai ir supjaustyti 3 colių gabalėliais
- 2 puodeliai šviežių mung pupelių daigų

Kryptys:

a) Dubenyje sumaišykite ryžių vyną, šviesią soją, kukurūzų krakmolą, tamsiąją soją, cukrų ir žiupsnelį baltųjų pipirų. Sudėkite jautieną ir išmeskite, kad apsemtų. Atidėkite marinuotis bent 10 minučių.

b) Kaitinkite wok keptuvę ant vidutinės-stiprios ugnies, kol susilietus sušnypš ir išgaruos vandens lašas. Supilkite 2 šaukštus augalinio aliejaus ir pasukite, kad pasidengtų wok keptuvės pagrindas. Pagardinkite aliejų, įberdami imbiero ir žiupsnelį druskos. Leiskite imbierui čirškėti aliejuje apie 30 sekundžių, švelniai sukdami.

c) Žnyplėmis įdėkite jautieną į wok keptuvę ir pasilikite marinavimo skystį. Jautieną kepkite ant wok keptuvės 2-3 minutes arba tol, kol susidarys apskrudusi, apskrudusi plutelė. Išmeskite ir apverskite jautieną aplink wok keptuvę dar 1 minutę. Perkelkite į švarų dubenį ir atidėkite.

d) Įpilkite dar 1 šaukštą augalinio aliejaus ir maišydami pakepinkite svogūnus 30 sekundžių arba kol suminkštės. Sudėkite makaronus ir pakelkite kaušeliais aukštyn, kad padėtų atskirti makaronus, jei jie sulipo. Įpilkite virimo vandens, po 1 šaukštą, jei makaronai tikrai sulipo.

e) Grąžinkite jautieną į wok keptuvę ir sumaišykite su makaronais. Supilkite rezervuotą marinatą ir plakite nuo 30 sekundžių iki 1 minutės arba tol, kol padažas sutirštės ir padengs makaronus, o makaronai įgaus sodrią, sodrią spalvą. Jei reikia, įpilkite 1 šaukštą rezervuoto virimo vandens, kad padažas praskiedžiamas. Suberkite pupelių daigus ir maišykite, kol tik sušils, maždaug 1 minutę. Išimkite imbierą ir išmeskite.

f) Perkelkite į lėkštę ir apšlakstykite likusiu 1 šaukštu sezamo aliejaus. Patiekite karštą.

30. Druska ir pipirai Krevetės

Ingridientai:

- 1 valgomasis šaukštas košerinės druskos
- 1½ arbatinio šaukštelio Sičuano pipirų
- 1½ svaro didelių krevečių (U31-35), nuluptos ir nuluptos, uodegos paliktos
- ½ puodelio augalinio aliejaus
- 1 puodelis kukurūzų krakmolo
- 4 laiškiniai svogūnai, supjaustyti įstrižai
- 1 jalapeño pipiras, perpjautas per pusę ir išskobtas, plonais griežinėliais
- 6 česnako skiltelės, smulkiai supjaustytos

Kryptys:

a) Nedidelėje keptuvėje arba keptuvėje ant vidutinės ugnies paskrudinkite druską ir pipirus, kol taps aromatingi, dažnai purtydami ir maišydami, kad nesudegtų. Perkelkite į dubenį, kad visiškai atvėstų. Druską ir pipirus susmulkinkite prieskonių trintuvu arba grūstuve. Perkelkite į dubenį ir atidėkite.

b) Nusausinkite krevetes popieriniu rankšluosčiu.

c) Wok keptuvėje įkaitinkite aliejų ant vidutinės ir stiprios ugnies iki 375 °F arba tol, kol medinio šaukšto gale ims burbuliuoti ir šnypšti.

d) Sudėkite kukurūzų krakmolą į didelį dubenį. Prieš pat ruošdami kepti krevetes, išmeskite pusę krevečių, kad apliptų kukurūzų krakmolu ir nukratykite kukurūzų krakmolo perteklių.

e) Kepkite krevetes 1-2 minutes, kol jos taps rausvos spalvos. Naudodami wok skimmerį, perkelkite keptas krevetes ant grotelių, pastatytų ant kepimo skardos, kad nuvarvėtų. Pakartokite procesą su likusiomis krevetėmis: įmeskite į kukurūzų krakmolą, kepkite ir perkelkite ant grotelių, kad nuvarvėtų.

f) Kai visos krevetės iškeps, atsargiai pašalinkite visus, išskyrus 2 šaukštus, aliejaus ir grąžinkite wok keptuvę ant vidutinės ugnies. Suberkite laiškinius svogūnus, jalapeño ir česnaką ir maišydami pakepinkite, kol svogūnai ir jalapeño taps ryškiai žali, o česnakas taps aromatingas. Grąžinkite krevetes į wok keptuvę, pagal skonį pagardinkite druskos ir pipirų mišiniu (galite nenaudoti viso) ir išmeskite, kad padengtumėte. Perkelkite krevetes į lėkštę ir patiekite karštas.

31. Girtos krevetės

APTARNAVIMAS 4

Ingridientai:

- 2 puodeliai Shaoxing ryžių vyno
- 4 nuluptos šviežio imbiero griežinėliai, kurių kiekviena yra maždaug ketvirčio dydžio
- 2 šaukštai džiovintų goji uogų (nebūtina)
- 2 arbatinius šaukštelius cukraus
- 1 svaro krevetės (U21-25), nuluptos ir nuluptos, paliktos uodegos
- 2 šaukštai augalinio aliejaus
- Košerinė druska
- 2 arbatiniai šaukšteliai kukurūzų krakmolo

Kryptys:

a) Plačiame dubenyje sumaišykite ryžių vyną, imbierą, goji uogas (jei naudojate) ir cukrų, kol cukrus ištirps. Sudėkite krevetes ir uždenkite. Marinuoti šaldytuve 20-30 minučių.

b) Supilkite krevetes ir marinatą į kiaurasamtį, pastatytą virš dubens. Rezervuokite ½ puodelio marinato, o likusį išmeskite.

c) Kaitinkite wok keptuvę ant vidutinės-stiprios ugnies, kol susilietus sušnypš ir išgaruos vandens lašas. Supilkite aliejų ir pasukite, kad pasidengtų wok keptuvės pagrindas.

Pagardinkite aliejų, įberdami nedidelį žiupsnelį druskos ir švelniai pasukite.

d) Sudėkite krevetes ir intensyviai pakepinkite, įberdami žiupsnelį druskos, kai krevetes apverčiate ir mėtykite wok keptuvėje. Judinkite krevetes maždaug 3 minutes, kol jos taps rausvos.

e) Kukurūzų krakmolą įmaišykite į rezervuotą marinatą ir užpilkite ant krevečių. Išmeskite krevetes ir aptepkite marinatu. Pradėjus virti, jis sutirštės į blizgų padažą, dar apie 5 minutes.

f) Krevetes ir goji uogas perkelkite į lėkštę, išmeskite imbierą ir patiekite karštą.

32. Graikinių riešutų krevetės

Ingridientai:

- Nelipnus augalinio aliejaus purškiklis
- 1 svaro krevetės (U21-25), nuluptos
- 25-30 graikinių riešutų puselių
- 3 stiklinės augalinio aliejaus, kepimui
- 2 šaukštai cukraus
- 2 šaukštai vandens
- $\frac{1}{4}$ puodelio majonezo
- 3 šaukštai saldinto kondensuoto pieno
- $\frac{1}{4}$ arbatinio šaukštelio ryžių acto
- Košerinė druska
- $\frac{1}{3}$ puodelis kukurūzų krakmolo

Kryptys:

a) Kepimo skardą išklokite pergamentiniu popieriumi ir lengvai apipurkškite kepimo purškikliu. Atidėti.

b) Nukreipkite krevetes, laikydami jas ant pjaustymo lentos lenkta puse žemyn. Pradėdami nuo galvos srities, tris ketvirtadalius įkiškite pjaustymo peilio galiuką į krevetes. Krevetės nugaros centre padarykite gabalėlį iki uodegos. Nepjaukite iki galo per krevetes ir nepjaukite į uodegos sritį. Atidarykite krevetes kaip knygą ir paskleiskite ją plokščiai. Nuvalykite veną (krevečių virškinamąjį traktą), jei ji matoma, ir nuplaukite krevetes po šaltu vandeniu, tada nusausinkite popieriniu rankšluosčiu. Atidėti.

c) Wok keptuvėje įkaitinkite aliejų ant vidutinės ir stiprios ugnies iki 375 °F arba tol, kol medinio šaukšto gale ims burbuliuoti ir šnypšti. Graikinius riešutus pakepinkite iki auksinės rudos spalvos 3-4 minutes ir, naudodami wok skimmerį, perkelkite graikinius riešutus į popieriniu rankšluosčiu išklotą lėkštę. Atidėkite į šalį ir išjunkite ugnį.

d) Nedideliame puode sumaišykite cukrų ir vandenį ir užvirinkite ant vidutinės-stiprios ugnies, retkarčiais pamaišydami, kol cukrus ištirps. Sumažinkite ugnį iki vidutinės ir virkite, kad sirupas sumažėtų, 5 minutes arba tol, kol sirupas taps tirštas ir blizgus. Suberkite graikinius riešutus ir išmaišykite, kad jie visiškai pasidengtų sirupu. Riešutus perkelkite į paruoštą kepimo skardą ir atidėkite atvėsti. Cukrus turi sukietėti aplink riešutus ir suformuoti cukruotą kevalą.

e) Mažame dubenyje sumaišykite majonezą, kondensuotą pieną, ryžių actą ir žiupsnelį druskos. Atidėti.

f) Sugrąžinkite wok aliejų iki 375 ° F ant vidutinės ugnies. Aliejui kaistant, krevetes lengvai pagardinkite žiupsneliu druskos. Maišymo dubenyje sumaišykite krevetes su kukurūzų krakmolu, kol gerai apskrus. Dirbdami mažomis partijomis, nukratykite kukurūzų krakmolo perteklių nuo krevečių ir kepkite aliejuje, greitai perkeldami jas aliejuje, kad nesuliptų. Kepkite krevetes 2–3 minutes iki auksinės rudos spalvos.

g) Perkelkite į švarų maišymo dubenį ir apšlakstykite padažu. Švelniai sulenkite, kol krevetės pasidengs tolygiai. Išdėliokite krevetes ant lėkštės ir papuoškite cukruotais graikiniais riešutais. Patiekite karštą.

33. Aksominės šukutės

Ingridientai:

- 1 didelis kiaušinio baltymas
- 2 šaukštai kukurūzų krakmolo
- 2 šaukštai Shaoxing ryžių vyno, padalinti
- 1 arbatinis šaukštelis košerinės druskos, padalintas
- 1 svaras šviežios jūros šukutės, nuplautos, pašalintos raumenys ir išdžiovintos
- 3 šaukštai augalinio aliejaus, padalinti
- 1 valgomasis šaukštas šviesaus sojų padažo
- $\frac{1}{4}$ puodelio šviežiai spaustų apelsinų sulčių
- Nutarkuota 1 apelsino žievelė
- Raudonųjų pipirų dribsniai (nebūtina)
- 2 laiškiniai svogūnai, tik žalia dalis, plonais griežinėliais, papuošimui

Kryptys:

a) Dideliame dubenyje sumaišykite kiaušinio baltymą, kukurūzų krakmolą, 1 šaukštą ryžių vyno ir $\frac{1}{2}$ arbatinio šaukštelio druskos ir maišykite nedideliu šluotele, kol kukurūzų krakmolas visiškai ištirps ir nebebus gumuliuotas. Įmeskite į šukutes ir 30 minučių padėkite į šaldytuvą.

b) Išimkite šukutes iš šaldytuvo. Užvirinkite vidutinio dydžio puodą vandens. Įpilkite 1 šaukštą augalinio aliejaus ir sumažinkite iki silpnos ugnies. Įpilkite šukutės į verdantį vandenį ir virkite 15-20 sekundžių nuolat maišydami, kol šukutės tiesiog taps nepermatomos (šukutės nebus visiškai iškepusios). Wok skimeriu perkelkite šukutes ant popieriniu rankšluosčiu išklotos kepimo skardos ir nusausinkite popieriniais rankšluosčiais.

c) Stikliniame matavimo puodelyje sumaišykite likusį 1 šaukštą ryžių vyno, šviesią soją, apelsinų sultis, apelsino žievelę ir žiupsnelį raudonųjų pipirų dribsnių (jei naudojate) ir atidėkite.

d) Kaitinkite wok keptuvę ant vidutinės-stiprios ugnies, kol susilietus sušnypš ir išgaruos vandens lašas. Supilkite likusius 2 šaukštus aliejaus ir pasukite, kad pasidengtų wok keptuvės pagrindas. Pagardinkite aliejų, įberdami likusią $\frac{1}{2}$ arbatinio šaukštelio druskos.

e) Į wok keptuvę įpilkite Velveted šukučių ir pasukite padaže. Maišydami pakepinkite šukutes, kol jos tik iškeps, maždaug 1 minutę. Perkelkite į serviravimo indą ir papuoškite laiškiniais svogūnais.

34. Jūros gėrybės ir daržovės su makaronais

Ingridientai:

- 1 puodelis augalinio aliejaus, padalintas
- 3 nuluptos šviežio imbiero griežinėliai
- Košerinė druska
- 1 raudona paprika, supjaustyta 1 colio gabalėliais
- 1 mažas baltas svogūnas, supjaustytas plonomis ilgomis vertikaliomis juostelėmis
- 1 didelė sauja sniego žirnių, nuimtos virvelės
- 2 didelės česnako skiltelės, smulkiai susmulkintos
- ½ svaro krevečių arba žuvies, supjaustytų 1 colio gabalėliais
- 1 valgomasis šaukštas juodųjų pupelių padažo
- ½ svaro džiovintų vermišelių ryžių makaronų arba makaronų su pupelėmis

Kryptys:

a) Kaitinkite wok keptuvę ant vidutinės-stiprios ugnies, kol susilietus sušnypš ir išgaruos vandens lašas. Supilkite 2 šaukštus aliejaus ir pasukite, kad pasidengtų wok keptuvės pagrindas. Aliejų pagardinkite įberdami imbiero griežinėlių ir nedidelį žiupsnelį druskos. Leiskite imbierui čirškėti aliejuje apie 30 sekundžių, švelniai sukdami.

b) Suberkite papriką ir svogūną ir greitai pakepinkite, išmesdami ir apversdami juos wok mentele.

c) Lengvai pagardinkite druska ir toliau maišydami kepkite 4–6 minutes, kol svogūnas atrodys minkštas ir skaidrus. Suberkite sniego žirnelius ir česnaką, maišykite ir apverskite, kol česnakas taps kvapnus, maždaug dar minutę. Daržoves perkelkite į lėkštę.

d) Įkaitinkite dar 1 šaukštą aliejaus ir sudėkite krevetes arba žuvį. Švelniai išmaišykite ir lengvai pagardinkite nedideliu žiupsneliu druskos. Maišydami kepkite 3–4 minutes arba tol, kol krevetės pasidarys rausvos arba žuvis pradės pleiskanoti. Grąžinkite daržoves ir viską plakite dar 1 minutę. Išmeskite imbierą ir perkelkite krevetes į lėkštę. Palapinė su folija, kad būtų šilta.

e) Išvalykite wok keptuvę ir grįžkite ant vidutinės-stiprios ugnies. Supilkite likusį aliejų (apie ¾ puodelio) ir pakaitinkite iki 375 °F arba tol, kol medinio šaukšto gale ims burbuliuoti ir šnypšti. Kai tik aliejus atvės, sudėkite džiovintus makaronus. Jie iš karto pradės pūsti ir kilti nuo aliejaus. Žnyplėmis apverskite makaronų debesį, jei reikia apkepti viršų, atsargiai nukelkite nuo aliejaus ir perkelkite į popieriniu rankšluosčiu išklotą lėkštę, kad nuvarvėtų ir atvėstų.

f) Švelniai supjaustykite makaronus į mažesnius gabalėlius ir išbarstykite ant troškintų daržovių ir krevečių. Tarnauti

35. Kokoso kario krabas

Ingridientai:

- 2 šaukštai augalinio aliejaus
- 2 nulupti griežinėliai šviežio imbiero, maždaug ketvirčio dydžio
- Košerinė druska
- 1 askaloninis česnakas, plonais griežinėliais
- 1 valgomasis šaukštas kario miltelių
- 1 (13,5 uncijos) skardinė kokosų pieno
- ¼ arbatinio šaukštelio cukraus
- 1 šaukštas Shaoxing ryžių vyno
- 1 svaro konservuota krabų mėsa, nusausinta ir nuskinta, kad pašalintumėte lukštus
- Šviežiai malti juodieji pipirai
- ¼ puodelio kapotų šviežių kalendros arba plokščialapių petražolių papuošimui
- Virti ryžiai, patiekimui

Kryptys:

a) Kaitinkite wok keptuvę ant vidutinės-stiprios ugnies, kol susilietus sušnypš ir išgaruos vandens lašas. Supilkite aliejų ir pasukite, kad pasidengtų wok keptuvės pagrindas. Aliejų pagardinkite įberdami imbiero griežinėlių ir žiupsnelį druskos. Leiskite imbierui čirškėti aliejuje apie 30 sekundžių, švelniai sukdami.

b) Suberkite askaloninius česnakus ir maišydami pakepinkite apie 10 sekundžių. Suberkite kario miltelius ir dar 10 sekundžių maišykite, kol pasidarys kvapnus.

c) Įmaišykite kokosų pieną, cukrų ir ryžių vyną, uždenkite wok keptuvę ir virkite 5 minutes.

d) Įmaišykite krabus, uždenkite dangčiu ir virkite, kol įkais, apie 5 minutes. Nuimkite dangtį, pagardinkite druska ir pipirais, o imbierą išmeskite. Uždėkite ryžių dubenį ir papuoškite smulkinta kalendra.

36. Kepti juodieji kalmarai

Ingridientai:

- 3 puodeliai augalinio aliejaus
- 1 svaro kalmarų vamzdeliai ir čiuptuvai, išvalyti ir vamzdeliai supjaustyti ⅓- colių žiedai
- ½ stiklinės ryžių miltų
- Košerinė druska
- ¼ arbatinio šaukštelio šviežiai maltų juodųjų pipirų
- ¾ puodelio gazuoto vandens, laikomo ledu šaltai
- 2 šaukštai stambiai pjaustytos šviežios kalendros

Kryptys:

a) Supilkite aliejų į wok keptuvę; aliejus turi būti maždaug 1-1½ colio gylio. Įkaitinkite aliejų iki 375 ° F ant vidutinės ir stiprios ugnies. Galite suprasti, kad aliejus yra tinkamos temperatūros, kai aliejus burbuliuoja ir šnypščia aplink medinio šaukšto galą, kai jį panardinate. Nusausinkite kalmarus popieriniais rankšluosčiais.

b) Tuo tarpu sekliame dubenyje sumaišykite ryžių miltus su žiupsneliu druskos ir pipirais. Supilkite tik tiek putojančio vandens, kad susidarytų plona tešla. Sulenkite kalmarus ir, dirbdami partijomis, iškelkite kalmarus iš tešlos, naudodami wok skimmerį arba kiaurasamtį, nukratydami perteklių. Atsargiai nuleiskite į karštą aliejų.

c) Kepkite kalmarus apie 3 minutes, kol jie taps auksinės rudos spalvos ir traškūs. Wok skimeriu išimkite kalmarus iš aliejaus ir perkelkite į popieriniu rankšluosčiu išklotą lėkštę ir lengvai pagardinkite druska. Pakartokite su likusiais kalmarais.

d) Kalmarus perkelkite į lėkštę ir papuoškite kalendra. Patiekite karštą.

37. Keptos austrės su čili-česnaku konfeti

Ingridientai:

- 1 (16 uncijų) indelis mažos susmulkintos austrės
- ½ stiklinės ryžių miltų
- ½ puodelio universalių miltų, padalintų
- ½ arbatinio šaukštelio kepimo miltelių
- Košerinė druska
- Malti baltieji pipirai
- ¼ arbatinio šaukštelio svogūnų miltelių
- ¾ puodelio gazuoto vandens, atšaldytas
- 1 arbatinis šaukštelis sezamo aliejaus
- 3 puodeliai augalinio aliejaus
- 3 didelės česnako skiltelės, smulkiai supjaustytos
- 1 mažas raudonas čili, smulkiai pjaustytas
- 1 mažas žalias čili, smulkiai pjaustytas
- 1 svogūnas, plonais griežinėliais

Kryptys:

a) Dubenyje sumaišykite ryžių miltus, ¼ puodelio universalių miltų, kepimo miltelius, žiupsnelį druskos ir baltųjų pipirų bei svogūnų miltelius. Įpilkite gazuoto vandens ir sezamo aliejaus, sumaišykite iki vientisos masės ir atidėkite.

b) Wok keptuvėje augalinį aliejų įkaitinkite ant vidutinės ugnies iki 375 °F arba tol, kol medinio šaukšto gale ims burbuliuoti ir šnypšti.

c) Nuvalykite austres popieriniu rankšluosčiu ir įberkite likusius ¼ puodelio universalių miltų. Austres po vieną panardinkite į ryžių miltų tešlą ir atsargiai nuleiskite į karštą aliejų.

d) Kepkite austres 3–4 minutes arba iki auksinės rudos spalvos. Perkelkite į vielinį aušinimo stovą, pritvirtintą virš kepimo skardos, kad nuvarvėtų. Lengvai pabarstykite druska.

e) Sugrąžinkite aliejaus temperatūrą iki 375 ° F ir trumpai pakepinkite česnaką ir čili, kol jie taps traškūs, bet vis tiek bus ryškios spalvos, maždaug 45 sekundes. Vieliniu skimeriu ištraukite iš aliejaus ir padėkite ant popieriniu rankšluosčiu išklotos lėkštės.

f) Išdėliokite austres ant lėkštės ir pabarstykite česnaku bei čili. Papuoškite griežinėliais supjaustytais svogūnais ir nedelsdami patiekite.

38. Kung Pao vištiena

Ingridientai:

- 3 arbatiniai šaukšteliai šviesaus sojų padažo
- 2½ arbatinio šaukštelio kukurūzų krakmolo
- 2 arbatiniai šaukšteliai kiniško juodojo acto
- 1 arbatinis šaukštelis Shaoxing ryžių vyno
- 1 arbatinis šaukštelis sezamo aliejaus
- ¾ svaro be kaulų, be odos, vištienos šlaunelių, supjaustytų 1 colio
- 2 šaukštai augalinio aliejaus
- 6-8 sveiki džiovinti raudonieji čili pipirai
- 3 laiškiniai svogūnai, baltos ir žalios dalys atskirtos, plonais griežinėliais
- 2 česnako skiltelės, susmulkintos
- 1 arbatinis šaukštelis nulupto malto šviežio imbiero
- ¼ puodelio nesūdytų sausų skrudintų žemės riešutų

Kryptys:

a) Vidutiniame dubenyje sumaišykite šviesią soją, kukurūzų krakmolą, juodąjį actą, ryžių vyną ir sezamo aliejų, kol kukurūzų krakmolas ištirps. Sudėkite vištieną ir švelniai išmaišykite, kad apsemtų. Marinuokite 10-15 minučių arba pakankamai laiko likusiems ingredientams paruošti.

b) Kaitinkite wok keptuvę ant vidutinės-stiprios ugnies, kol susilietus sušnypš ir išgaruos vandens lašas. Supilkite augalinį aliejų ir pasukite, kad padengtumėte wok dugną.

c) Sudėkite čili ir maišydami pakepinkite apie 10 sekundžių arba tol, kol jie tik pradės juoduoti ir aliejus šiek tiek kvepės.

d) Sudėkite vištieną, palikdami marinatą, ir maišydami kepkite 3-4 minutes, kol nebebus rausvos.

e) Suberkite svogūnų baltymus, česnaką ir imbierą ir maišydami pakepinkite apie 30 sekundžių. Supilkite marinatą ir išmaišykite, kad vištiena pasidengtų. Suberkite žemės riešutus ir virkite dar 2-3 minutes, kol padažas taps blizgus.

f) Perkelkite į serviravimo lėkštę, papuoškite laiškinių svogūnų žalumynais ir patiekite karštą.

39. Brokolių vištiena

Ingridientai:

- 1 šaukštas Shaoxing ryžių vyno
- 2 arbatiniai šaukšteliai šviesaus sojų padažo
- 1 arbatinis šaukštelis malto česnako
- 1 arbatinis šaukštelis kukurūzų krakmolo
- ¼ arbatinio šaukštelio cukraus
- ¾ svaro vištienos šlaunelių be kaulų, be odos, supjaustytų 2 colių gabalėliais
- 2 šaukštai augalinio aliejaus
- 4 nuluptos šviežio imbiero griežinėliai, maždaug ketvirčio dydžio
- Košerinė druska
- 1 svaro brokoliai, supjaustyti kąsnio dydžio žiedynais
- 2 šaukštai vandens
- Raudonųjų pipirų dribsniai (nebūtina)
- ¼ puodelio juodųjų pupelių padažo arba parduotuvėje nusipirkto juodųjų pupelių padažo

Kryptys:

a) Mažame dubenyje sumaišykite ryžių vyną, šviesią soją, česnaką, kukurūzų krakmolą ir cukrų. Sudėkite vištieną ir marinuokite 10 minučių.

b) Kaitinkite wok keptuvę ant vidutinės-stiprios ugnies, kol susilietus sušnypš ir išgaruos vandens lašas. Supilkite augalinį aliejų ir pasukite, kad padengtumėte wok dugną. Įdėkite imbierą ir žiupsnelį druskos. Leiskite imbierui šnypšti maždaug 30 sekundžių, švelniai sukdami.

c) Perkelkite vištieną į wok, išmeskite marinatą. Maišydami kepkite vištieną 4–5 minutes, kol ji nebebus rausva. Suberkite brokolius, vandenį ir žiupsnelį raudonųjų pipirų dribsnių (jei naudojate) ir maišydami pakepinkite 1 minutę. Uždenkite wok keptuvę ir troškinkite brokolius 6–8 minutes, kol jie taps traškūs.

d) Įmaišykite juodųjų pupelių padažą, kol pasidengs ir pašildys, maždaug 2 minutes arba kol padažas šiek tiek sutirštės ir taps blizgus.

e) Išmeskite imbierą, perkelkite į lėkštę ir patiekite karštą.

40. Mandarino žievelės vištiena

Ingridientai:

- 3 dideli kiaušinių baltymai
- 2 šaukštai kukurūzų krakmolo
- 1½ šaukšto šviesaus sojų padažo, padalinta
- ¼ arbatinio šaukštelio maltų baltųjų pipirų
- ¾ svaro vištienos šlaunelių be kaulų, be odos, supjaustytų kąsnio dydžio gabalėliais
- 3 puodeliai augalinio aliejaus
- 4 nuluptos šviežio imbiero griežinėliai, kurių kiekviena yra maždaug ketvirčio dydžio
- 1 arbatinis šaukštelis Sičuano pipirų, šiek tiek susmulkintų
- Košerinė druska
- ½ geltonojo svogūno, plonai supjaustyto ¼ colio pločio juostelėmis
- 1 mandarino žievelė, susmulkinta ⅛ colio storio juostelėmis
- 2 mandarinų sultys (apie ½ puodelio)
- 2 arbatinius šaukštelius sezamo aliejaus
- ½ arbatinio šaukštelio ryžių acto
- Šviesiai rudas cukrus
- 2 laiškiniai svogūnai, plonais griežinėliais, papuošimui

- 1 valgomasis šaukštas sezamo sėklų, papuošimui

Kryptys:

a) Maišymo dubenyje šakute ar šluotele išplakite kiaušinių baltymus iki putų ir tol, kol suputos standesni gumuliukai. Įmaišykite kukurūzų krakmolą, 2 arbatinius šaukštelius šviesios sojos ir baltųjų pipirų, kol gerai susimaišys. Įdėkite vištieną ir marinuokite 10 minučių.

b) Supilkite aliejų į wok keptuvę; aliejus turi būti maždaug 1-1½ colio gylio. Įkaitinkite aliejų iki 375 ° F ant vidutinės ir stiprios ugnies. Galite suprasti, kad aliejus yra tinkamos temperatūros, kai įmerkite medinio šaukšto galą į aliejų. Jei aliejus burbuliuoja ir šnypščia aplink jį, aliejus yra paruoštas.

c) Naudodami kiaurasamtį arba wok skimerį iškelkite vištieną iš marinato ir nukratykite perteklių. Atsargiai nuleiskite į karštą aliejų. Kepkite vištieną dalimis 3-4 minutes arba tol, kol vištiena taps auksinės rudos spalvos ir traški paviršiuje. Perkelkite į popieriniu rankšluosčiu išklotą lėkštę.

d) Iš wok keptuvės išpilkite visą aliejų, išskyrus 1 šaukštą, ir padėkite ant vidutinės-stiprios ugnies. Supilkite aliejų, kad padengtumėte wok pagrindą. Pagardinkite aliejų, įberdami imbiero, pipirų žirnelių ir žiupsnelį druskos. Leiskite imbierui ir pipirų žirneliais čirškėti aliejuje apie 30 sekundžių, švelniai sukdami.

e) Sudėkite svogūną ir pakepinkite maišydami, mėtydami ir apversdami wok mentele 2-3 minutes arba tol, kol svogūnas taps minkštas ir skaidrus. Suberkite mandarino žievelę ir maišydami pakepinkite dar minutę arba iki kvapnios.

f) Įpilkite mandarinų sulčių, sezamo aliejaus, acto ir žiupsnelį rudojo cukraus. Padažą užvirinkite ir troškinkite apie 6 minutes, kol sumažės per pusę. Jis turėtų būti sirupo pavidalo ir labai aštrus. Paragaukite ir, jei reikia, įberkite žiupsnelį druskos.

g) Išjunkite ugnį ir sudėkite keptą vištieną, išmaišykite, kad pasidengtų padažu. Perkelkite vištieną į lėkštę, išmeskite imbierą ir papuoškite griežinėliais supjaustytais laiškiniais svogūnais ir sezamo sėklomis. Patiekite karštą.

41. Anakardžių vištiena

PARDUOTA NUO 4 IKI 6

Ingridientai:

- 1 valgomasis šaukštas šviesaus sojų padažo
- 2 arbatiniai šaukšteliai Shaoxing ryžių vyno
- 2 arbatiniai šaukšteliai kukurūzų krakmolo
- 1 arbatinis šaukštelis sezamo aliejaus
- ½ arbatinio šaukštelio maltų Sičuano pipirų
- ¾ svaro be kaulų, be odos, vištienos šlaunelės, supjaustytos 1 colio kubeliais
- 2 šaukštai augalinio aliejaus
- ½ colio gabalas nuluptas smulkiai sumaltas šviežias imbieras
- Košerinė druska
- ½ raudonosios paprikos, supjaustytos ½ colio gabalėliais
- 1 maža cukinija, supjaustyta ½ colio gabalėliais
- 2 česnako skiltelės, susmulkintos
- ½ puodelio nesūdytų sausų skrudintų anakardžių
- 2 laiškiniai svogūnai, baltos ir žalios dalys atskirtos, plonais griežinėliais

Kryptys:

a) Vidutiniame dubenyje sumaišykite šviesią soją, ryžių vyną, kukurūzų krakmolą, sezamo aliejų ir Sičuano pipirus. Sudėkite vištieną ir švelniai išmaišykite, kad apsemtų. Palikite marinuotis 15 minučių arba pakankamai laiko, kad paruoštumėte likusius ingredientus.

b) Kaitinkite wok keptuvę ant vidutinės-stiprios ugnies, kol susilietus sušnypš ir išgaruos vandens lašas. Supilkite augalinį aliejų ir pasukite, kad padengtumėte wok dugną. Pagardinkite aliejų, įberdami imbiero ir žiupsnelį druskos. Leiskite imbierui čirškėti aliejuje apie 30 sekundžių, švelniai sukdami.

c) Žnyplėmis iškelkite vištieną iš marinato ir perkelkite į wok keptuvę, palikdami marinatą. Maišydami kepkite vištieną 4–5 minutes, kol ji nebebus rausva. Suberkite raudonąją papriką, cukiniją ir česnaką ir maišydami pakepinkite 2–3 minutes arba kol daržovės suminkštės.

d) Supilkite marinatą ir išmaišykite, kad pasidengtų kiti ingredientai. Marinatą užvirinkite ir toliau maišydami kepkite 1–2 minutes, kol padažas taps tirštas ir blizgus. Įmaišykite anakardžius ir kepkite dar minutę.

e) Perkelkite į serviravimo lėkštę, papuoškite laiškiniais svogūnais ir patiekite karštą.

42. Aksominė vištiena ir sniego žirniai

Ingridientai:

- 2 dideli kiaušinių baltymai
- 2 šaukštai kukurūzų krakmolo ir 1 arbatinis šaukštelis
- ¾ svaro vištienos krūtinėlės be kaulų
- 3½ šaukštai augalinio aliejaus, padalinti
- ⅓ puodelio mažai natrio turinčio vištienos sultinio
- 1 šaukštas Shaoxing ryžių vyno
- Košerinė druska
- Malti baltieji pipirai
- 4 nuluptos šviežio imbiero griežinėliai
- 1 (4 uncijos) skardinė supjaustyti bambuko ūgliai, nuplauti ir nusausinti
- 3 česnako skiltelės, susmulkintos
- ¾ svaro sniego žirnių arba cukrinių žirnių, nuimtos virvelės

Kryptys:

a) Maišymo dubenyje šakute ar šluotele išplakite kiaušinių baltymus iki putų, o standesni kiaušinio baltymo gumulėliai suputos. Įmaišykite 2 šaukštus kukurūzų krakmolo, kol jis gerai susimaišys ir nebebus gumuliuotas. Sulenkite vištieną ir 1 šaukštą augalinio aliejaus ir marinuokite.

b) Nedideliame dubenyje sumaišykite vištienos sultinį, ryžių vyną ir likusį 1 arbatinį šaukštelį kukurūzų krakmolo ir pagardinkite žiupsneliu druskos ir baltųjų pipirų. Atidėti.

c) Vidutinį puodą, pripildytą vandens, užvirinkite ant stiprios ugnies. Įpilkite ½ šaukšto aliejaus ir sumažinkite ugnį, kol užvirs. Naudodami wok skimmerį arba kiaurasamtį, kad nuvarvėtų marinatas, perkelkite vištieną į verdantį vandenį. Vištieną išmaišykite, kad gabalėliai nesuliptų. Kepkite 40–50 sekundžių, kol vištiena iš išorės taps balta, bet neiškeps. Vištieną nusausinkite kiaurasamtyje ir nukratykite vandens perteklių. Išmeskite verdantį vandenį.

d) Kaitinkite wok keptuvę ant vidutinės-stiprios ugnies, kol susilietus sušnypš ir išgaruos vandens lašas. Supilkite likusius 2 šaukštus aliejaus ir pasukite, kad pasidengtų wok keptuvės pagrindas. Aliejų pagardinkite įberdami imbiero griežinėlių ir druskos. Leiskite imbierui čirškėti aliejuje apie 30 sekundžių, švelniai sukdami.

e) Suberkite bambuko ūglius ir česnaką ir, naudodami wok mentelę, išmeskite, kad pasidengtų aliejumi, ir kepkite iki kvapo, maždaug 30 sekundžių. Suberkite sniego žirnelius ir maišydami pakepinkite apie 2 minutes, kol taps ryškiai žali ir traškūs. Įdėkite vištieną į wok ir supilkite padažo mišinį. Išmeskite, kad apsemtų ir toliau kepkite 1–2 minutes.

f) Perkelkite į lėkštę ir išmeskite imbierą. Patiekite karštą.

43. Vištiena ir daržovės su juodųjų pupelių padažu

Ingridientai:

- 1 valgomasis šaukštas šviesaus sojų padažo
- 1 arbatinis šaukštelis sezamo aliejaus
- 1 arbatinis šaukštelis kukurūzų krakmolo
- ¾ svaro vištienos šlaunelių be kaulų, be odos, supjaustytų kąsnio dydžio gabalėliais
- 3 šaukštai augalinio aliejaus, padalinti
- 1 nuluptas šviežias imbiero griežinėlis, maždaug ketvirčio dydžio
- Košerinė druska
- 1 mažas geltonas svogūnas, supjaustytas kąsnio dydžio gabalėliais
- ½ raudonosios paprikos, supjaustytos kąsnio dydžio gabalėliais
- ½ geltonos arba žalios paprikos, supjaustytos kąsnio dydžio gabalėliais
- 3 česnako skiltelės, susmulkintos
- ⅓ puodelis Black Bean Sauce arba parduotuvėje pirktas juodųjų pupelių padažas

Kryptys:

a) Dideliame dubenyje sumaišykite šviesią soją, sezamo aliejų ir kukurūzų krakmolą, kol kukurūzų krakmolas ištirps. Sudėkite vištieną ir apkepkite marinatu. Vištieną atidėkite į šalį, kad pasimarinuotų 10 minučių.

b) Kaitinkite wok keptuvę ant vidutinės-stiprios ugnies, kol susilietus sušnypš ir išgaruos vandens lašas. Supilkite 2 šaukštus augalinio aliejaus ir pasukite, kad pasidengtų wok keptuvės pagrindas. Pagardinkite aliejų, įberdami imbiero ir žiupsnelį druskos. Leiskite imbierui čirškėti aliejuje apie 30 sekundžių, švelniai sukdami.

c) Perkelkite vištieną į wok ir išmeskite marinatą. Leiskite gabalėliams kepti wok keptuvėje 2–3 minutes. Apverskite, kad apkeptumėte iš kitos pusės dar 1–2 minutes. Maišydami kepkite, greitai vartydami wok keptuvėje dar 1 minutę. Perkelkite į švarų dubenį.

d) Įpilkite likusį 1 šaukštą aliejaus ir įmeskite svogūną bei paprikas. Greitai maišydami kepkite 2–3 minutes, mėtydami ir apversdami daržoves wok mentele, kol svogūnas atrodys permatomas, bet vis dar bus tvirtos tekstūros. Suberkite česnaką ir maišydami pakepinkite dar 30 sekundžių.

e) Grąžinkite vištieną į wok ir supilkite juodųjų pupelių padažą. Išmaišykite ir apverskite, kol vištiena ir daržovės pasidengs.

f) Perkelkite į lėkštę, išmeskite imbierą ir patiekite karštą.

44. Žaliųjų pupelių vištiena

Ingridientai:

- ¾ svaro vištienos šlaunelių be kaulų, be odos, supjaustytų skersai grūdo kąsnio dydžio juostelėmis
- 3 šaukštai Shaoxing ryžių vyno, padalinti
- 2 arbatiniai šaukšteliai kukurūzų krakmolo
- Košerinė druska
- Raudonųjų pipirų dribsniai
- 3 šaukštai augalinio aliejaus, padalinti
- 4 nuluptos šviežio imbiero griežinėliai, kurių kiekviena yra maždaug ketvirčio dydžio
- ¾ svaro šparaginių pupelių, nupjautų ir perpjautų per pusę skersai įstrižai
- 2 šaukštai šviesaus sojų padažo
- 1 valgomasis šaukštas pagardinto ryžių acto
- ¼ puodelio pjaustytų migdolų, skrudintų
- 2 arbatinius šaukštelius sezamo aliejaus

Kryptys:

a) Dubenyje sumaišykite vištieną su 1 šaukštu ryžių vyno, kukurūzų krakmolu, nedideliu žiupsneliu druskos ir žiupsneliu raudonųjų pipirų dribsnių. Išmaišykite, kad vištiena tolygiai pasidengtų. Marinuoti 10 minučių.

b) Kaitinkite wok keptuvę ant vidutinės-stiprios ugnies, kol susilietus sušnypš ir išgaruos vandens lašas. Supilkite 2 šaukštus augalinio aliejaus ir pasukite, kad pasidengtų wok keptuvės pagrindas. Pagardinkite aliejų, įberdami imbiero ir nedidelį žiupsnelį druskos. Leiskite imbierui čirškėti aliejuje apie 30 sekundžių, švelniai sukdami.

c) Įdėkite vištieną ir marinatą į wok keptuvę ir maišydami kepkite 3-4 minutes arba tol, kol vištiena šiek tiek apskrus ir nebebus rausva. Perkelkite į švarų dubenį ir atidėkite.

d) Įpilkite likusį 1 šaukštą augalinio aliejaus ir maišydami pakepinkite šparagines pupeles 2-3 minutes arba tol, kol jos taps ryškiai žalios. Grąžinkite vištieną į wok keptuvę ir išmaišykite. Įpilkite likusius 2 šaukštus ryžių vyno, šviesios sojos ir acto. Sumaišykite, uždenkite ir leiskite šparaginėms pupelėms troškintis dar 3 minutes arba tol, kol šparaginės pupelės suminkštės. Išimkite imbierą ir išmeskite.

e) Suberkite migdolus ir perkelkite į lėkštę. Apšlakstykite sezamų aliejumi ir patiekite karštą.

45. Vištiena sezamo padaže

Ingridientai:

- 3 dideli kiaušinių baltymai
- 3 šaukštai kukurūzų krakmolo, padalinti
- 1½ šaukšto šviesaus sojų padažo, padalinta
- 1 svaras vištienos šlaunelių be kaulų, be odos, supjaustytų kąsnio dydžio gabalėliais
- 3 puodeliai augalinio aliejaus
- 3 nuluptos šviežio imbiero griežinėliai, kurių kiekviena yra maždaug ketvirčio dydžio
- Košerinė druska
- Raudonųjų pipirų dribsniai
- 3 česnako skiltelės, stambiai supjaustytos
- ¼ puodelio mažai natrio turinčio vištienos sultinio
- 2 šaukštai sezamo aliejaus
- 2 laiškiniai svogūnai, plonais griežinėliais, papuošimui
- 1 valgomasis šaukštas sezamo sėklų, papuošimui

Kryptys:

a) Maišymo dubenyje šakute ar šluotele išplakite kiaušinių baltymus iki putų, o standesni kiaušinio baltymo gumulėliai suputos. Sumaišykite 2 šaukštus kukurūzų krakmolo ir 2 arbatinius šaukštelius šviesios sojos, kol gerai susimaišys. Įdėkite vištieną ir marinuokite 10 minučių.

b) Supilkite aliejų į wok keptuvę; aliejus turi būti maždaug 1–1½ colio gylio. Įkaitinkite aliejų iki 375 ° F ant vidutinės ir stiprios ugnies. Galite suprasti, kad aliejus yra tinkamos temperatūros, kai įmerkite medinio šaukšto galą į aliejų. Jei aliejus burbuliuoja ir šnypščia aplink jį, aliejus yra paruoštas.

c) Naudodami kiaurasamtį arba wok skimerį iškelkite vištieną iš marinato ir nukratykite perteklių. Atsargiai nuleiskite į karštą aliejų. Kepkite vištieną dalimis 3–4 minutes arba tol, kol vištiena taps auksinės rudos spalvos ir traški paviršiuje. Perkelkite į popieriniu rankšluosčiu išklotą lėkštę.

d) Iš wok keptuvės išpilkite visą aliejų, išskyrus 1 šaukštą, ir padėkite ant vidutinės-stiprios ugnies. Supilkite aliejų, kad padengtumėte wok pagrindą. Pagardinkite aliejų, įberdami imbiero ir žiupsnelį druskos bei raudonųjų pipirų dribsnių. Leiskite imbiero ir pipirų dribsniams čirškėti aliejuje apie 30 sekundžių, švelniai sukdami.

e) Sudėkite česnaką ir pakepinkite maišydami, 30 sekundžių vartydami wok mentele. Įmaišykite vištienos sultinį, likusius 2¼ arbatinius šaukštelius šviesios sojos ir likusį 1 šaukštą kukurūzų krakmolo. Troškinkite 4–5 minutes, kol padažas sutirštės ir taps blizgus. Įpilkite sezamo aliejaus ir išmaišykite, kad susimaišytų.

f) Išjunkite ugnį ir sudėkite keptą vištieną, išmaišykite, kad pasidengtų padažu. Išimkite imbierą ir išmeskite. Perkelkite į lėkštę ir papuoškite griežinėliais supjaustytais svogūnais ir sezamo sėklomis.

46. Saldžiarūgštė vištiena

Ingridientai:

- 2 arbatiniai šaukšteliai kukurūzų krakmolo ir 2 šaukštai vandens
- 3 šaukštai augalinio aliejaus, padalinti
- 4 nuluptos šviežio imbiero griežinėliai
- ¾ svaro vištienos šlaunelių be kaulų, be odos, supjaustytų kąsnio dydžio
- ½ raudonosios paprikos, supjaustytos ½ colio gabalėliais
- ½ žaliosios paprikos, supjaustytos ½ colio gabalėliais
- ½ geltonojo svogūno, supjaustyto ½ colio gabalėliais
- 1 (8 uncijos) skardinės ananasų gabaliukai, nusausinti, sultys rezervuotos
- 1 (4 uncijos) skardinė pjaustytų vandens kaštonų, nusausintų
- ¼ puodelio mažai natrio turinčio vištienos sultinio
- 2 šaukštai šviesiai rudojo cukraus
- 2 šaukštai obuolių sidro acto
- 2 šaukštai kečupo
- 1 arbatinis šaukštelis Worcestershire padažo
- 3 laiškiniai svogūnai, plonais griežinėliais, papuošimui

Kryptys:

a) Mažame dubenyje sumaišykite kukurūzų krakmolą ir vandenį ir atidėkite.

b) Kaitinkite wok keptuvę ant vidutinės-stiprios ugnies, kol susilietus sušnypš ir išgaruos vandens lašas. Supilkite 2 šaukštus aliejaus ir pasukite, kad pasidengtų wok keptuvės pagrindas. Pagardinkite aliejų, įberdami imbiero ir žiupsnelį druskos. Leiskite imbierui čirškėti aliejuje apie 30 sekundžių, švelniai sukdami.

c) Sudėkite vištieną ir kepkite ant wok keptuvės 2–3 minutes. Vištieną apverskite ir išmeskite, maišydami kepkite dar apie 1 minutę arba tol, kol nebebus rausvos spalvos. Perkelkite į dubenį ir atidėkite.

d) Įpilkite likusį 1 šaukštą aliejaus ir pasukite, kad pasidengtų. Maišydami pakepinkite raudonąsias ir žaliąsias paprikas bei svogūną 3–4 minutes, kol suminkštės ir taps skaidrūs. Suberkite ananasus ir vandens kaštonus ir toliau maišydami pakepinkite dar minutę. Sudėkite daržoves į vištieną ir atidėkite.

e) Supilkite rezervuotas ananasų sultis, vištienos sultinį, rudąjį cukrų, actą, kečupą ir Worcestershire padažą į wok ir užvirinkite. Kaitrą laikykite ant vidutinės ir virkite apie 4 minutes, kol skysčio sumažės per pusę.

f) Vištieną ir daržoves grąžinkite į wok keptuvę ir sumaišykite su padažu. Greitai išmaišykite kukurūzų krakmolo ir vandens mišinį ir sudėkite į wok keptuvę. Viską išmeskite ir apverskite, kol kukurūzų krakmolas ims tirštinti padažą ir taps blizgus.

g) Išmeskite imbierą, perkelkite į lėkštę, papuoškite svogūnais ir patiekite karštą.

47. Pomidorų kiaušinių maišymas

Ingridientai:

- 4 dideli kiaušiniai, kambario temperatūros
- 1 arbatinis šaukštelis Shaoxing ryžių vyno
- $\frac{1}{2}$ arbatinio šaukštelio sezamo aliejaus
- $\frac{1}{2}$ arbatinio šaukštelio košerinės druskos
- Šviežiai malti juodieji pipirai
- 3 šaukštai augalinio aliejaus, padalinti
- 2 nuluptos šviežio imbiero griežinėliai, kurių kiekviena yra maždaug ketvirčio dydžio
- 1 svaras vynuoginių arba vyšninių pomidorų
- 1 arbatinis šaukštelis cukraus
- Virti ryžiai arba makaronai, patiekimui

Kryptys:

a) Dideliame dubenyje išplakti kiaušinius. Įpilkite ryžių vyno, sezamo aliejaus, druskos ir žiupsnelį pipirų ir toliau plakite, kol viskas susimaišys.

b) Kaitinkite wok keptuvę ant vidutinės-stiprios ugnies, kol susilietus sušnypš ir išgaruos vandens lašas. Supilkite 2 šaukštus augalinio aliejaus ir pasukite, kad pasidengtų wok keptuvės pagrindas. Supilkite kiaušinių mišinį į karštą wok keptuvę. Supilkite ir sukrėskite kiaušinius, kad iškeptų.

Kiaušinius perkelkite į patiekimo lėkštę, kai tik išvirs, bet neišdžius. Palapinė su folija, kad būtų šilta.

c) Į wok keptuvę įpilkite likusį 1 šaukštą augalinio aliejaus. Pagardinkite aliejų, įberdami imbiero ir žiupsnelį druskos. Leiskite imbierui čirškėti aliejuje apie 30 sekundžių, švelniai sukdami.

d) Suberkite pomidorus ir cukrų, išmaišykite, kad pasidengtų aliejumi. Uždenkite ir virkite apie 5 minutes, retkarčiais pamaišydami, kol pomidorai suminkštės ir išskirs sultis. Išmeskite imbiero skilteles, o pomidorus pagardinkite druska ir pipirais.

e) Padėkite pomidorus ant kiaušinių ir patiekite ant virtų ryžių ar makaronų.

48. Kiniški išsinešimui kepti vištienos sparneliai

Ingridientai:

- 10 sveikų vištienos sparnelių, nuplauti ir nusausinti
- 1/8 arbatinio šaukštelio juodųjų pipirų
- 1/4 arbatinio šaukštelio baltųjų pipirų
- $\frac{1}{4}$ arbatinio šaukštelio česnako miltelių
- 1 arbatinis šaukštelis druskos
- $\frac{1}{2}$ arbatinio šaukštelio cukraus
- 1 valgomasis šaukštas sojos padažo
- 1 valgomasis šaukštas Shaoxing vyno
- 1 arbatinis šaukštelis sezamo aliejaus
- 1 kiaušinis
- 1 valgomasis šaukštas kukurūzų krakmolo
- 2 šaukštai miltų
- aliejaus, kepimui

Kryptys:

a) Dideliame dubenyje sumaišykite visus ingredientus (žinoma, išskyrus kepimo aliejų). Viską maišykite, kol sparneliai gerai pasidengs.
b) Norėdami gauti geriausius rezultatus, leiskite sparnelius marinuoti 2 valandas kambario temperatūroje arba per naktį šaldytuve.
c) Jei po marinavimo atrodo, kad sparneliuose yra skysčio, būtinai dar kartą juos gerai išmaišykite. Sparnai turi būti gerai padengti plona, panašia į tešlą. Jei jis vis dar atrodo

per vandeningas, įpilkite šiek tiek daugiau kukurūzų krakmolo ir miltų.

d) Užpildykite vidutinį puodą maždaug 2/3 aliejaus ir įkaitinkite iki 325 laipsnių F.
e) Kepkite sparnelius nedidelėmis porcijomis 5 minutes ir iškelkite į skardą, išklotą popieriniais rankšluosčiais. Kai visi sparneliai apkeps, dalimis grąžinkite juos į aliejų ir vėl kepkite 3 minutes.
f) Nusausinkite ant popierinių rankšluosčių ar vėsinimo grotelių ir patiekite su karštu padažu!

49. Tailandietiška baziliko vištiena

APTARNAVIMAS 4

Ingridientai:

- 3-4 šaukštai aliejaus
- 3 Tailando paukštis arba Olandijos čili
- 3 askaloniniai česnakai, plonais griežinėliais
- 5 skiltelės česnako, supjaustytos
- 1 svaro malta vištiena
- 2 arbatinius šaukštelius cukraus arba medaus
- 2 šaukštai sojos padažo
- 1 valgomasis šaukštas žuvies padažo
- ⅓ puodelio mažai natrio turinčio vištienos sultinio arba vandens
- 1 krūva šventojo baziliko arba tailandietiško baziliko lapelių

Kryptys:

a) Į wok keptuvę ant stiprios ugnies supilkite aliejų, čili, askaloninius česnakus ir česnaką ir pakepinkite 1-2 minutes.
b) Sudėkite maltą vištieną ir maišydami kepkite 2 minutes, supjaustydami vištieną į mažus gabalus.
c) Įpilkite cukraus, sojos padažo ir žuvies padažo. Maišydami pakepinkite dar minutę ir nusausinkite keptuvę sultiniu. Kadangi jūsų keptuvė yra labai karšta, skystis turėtų labai greitai išvirti.
d) Suberkite baziliką ir maišydami pakepinkite, kol suminkštės.
e) Patiekite ant ryžių.

50. Troškintas kiaulienos pilvas

Ingridientai:

- 3/4 svarų liesos kiaulienos pilvo, su oda
- 2 šaukštai aliejaus
- 1 šaukštas cukraus (jei turite, pageidautina akmens cukraus)
- 3 šaukštai Shaoxing vyno
- 1 valgomasis šaukštas įprasto sojos padažo
- ½ šaukšto tamsaus sojų padažo
- 2 puodeliai vandens

Kryptys:

a) Pradėkite supjaustydami kiaulienos pilvą 3/4 colio storio gabalėliais.
b) Puodą vandens užvirinkite. Porą minučių blanširuokite kiaulienos pilvo gabalėlius. Taip pašalinami nešvarumai ir pradedamas virimo procesas. Išimkite kiaulieną iš puodo, nuplaukite ir atidėkite.
c) Ant silpnos ugnies į savo wok įpilkite aliejaus ir cukraus. Cukrų šiek tiek ištirpinkite ir suberkite kiaulieną. Pakelkite ugnį iki vidutinės ir kepkite, kol kiauliena lengvai paruduos.
d) Sumažinkite šilumą iki minimumo ir įpilkite Shaoxing kulinarinio vyno, įprasto sojos padažo, tamsaus sojų padažo ir vandens.
e) Uždenkite ir troškinkite apie 45 minutes iki 1 valandos, kol kiauliena suminkštės. Kas 5-10 minučių maišykite, kad nesudegtumėte, ir įpilkite daugiau vandens, jei jis per sausas.

f) Kai kiauliena suminkštės, jei vis dar yra daug matomo skysčio, atidenkite wok keptuvę, padidinkite ugnį ir nuolat maišykite, kol padažas taps blizgus.

51. Pomidorų ir jautienos maišymas

Ingridientai:

- ¾ svaro šoninis arba sijoninis kepsnys, supjaustytas ¼ colio storio griežinėliais
- 1½ šaukšto kukurūzų krakmolo, padalinta
- 1 šaukštas Shaoxing ryžių vyno
- Košerinė druska
- Malti baltieji pipirai
- 1 valgomasis šaukštas pomidorų pastos
- 2 šaukštai šviesaus sojų padažo
- 1 arbatinis šaukštelis sezamo aliejaus
- 1 arbatinis šaukštelis cukraus
- 2 šaukštai vandens
- 2 šaukštai augalinio aliejaus
- 4 nuluptos šviežio imbiero griežinėliai, kurių kiekviena yra maždaug ketvirčio dydžio
- 1 didelis askaloninis česnakas, plonais griežinėliais
- 2 česnako skiltelės, smulkiai susmulkintos
- 5 dideli pomidorai, kiekvienas supjaustytas į 6 skilteles
- 2 laiškiniai svogūnai, baltos ir žalios dalys atskirtos, plonais griežinėliais

Kryptys:

a) Mažame dubenyje sumaišykite jautieną su 1 valgomuoju šaukštu kukurūzų krakmolo, ryžių vynu ir žiupsneliu druskos bei baltųjų pipirų. Atidėkite 10 minučių.

b) Kitame mažame dubenyje sumaišykite likusį ½ šaukšto kukurūzų krakmolo, pomidorų pastos, šviesios sojos, sezamo aliejaus, cukraus ir vandens. Atidėti.

c) Kaitinkite wok keptuvę ant vidutinės-stiprios ugnies, kol susilietus sušnypš ir išgaruos vandens lašas. Supilkite augalinį aliejų ir pasukite, kad padengtumėte wok dugną. Pagardinkite aliejų, įberdami imbiero ir žiupsnelį druskos. Leiskite imbierui čirškėti aliejuje apie 30 sekundžių, švelniai sukdami.

d) Perkelkite jautieną į wok ir maišydami kepkite 3-4 minutes, kol nebebus rausvos. Sudėkite askaloninius česnakus ir česnakus ir maišydami pakepinkite 1 minutę. Sudėkite pomidorus ir svogūnų baltymus ir toliau maišydami kepkite.

e) Įmaišykite padažą ir toliau maišydami kepkite 1-2 minutes arba tol, kol jautiena ir pomidorai pasidengs, o padažas šiek tiek sutirštės.

f) Išmeskite imbierą, perkelkite į lėkštę ir papuoškite laiškinių svogūnų žalumynais. Patiekite karštą.

52. Jautiena ir brokoliai

Ingridientai:

- ¾ svaro sijono kepsnys, supjaustytas per grūdus ¼ colio storio griežinėliais
- 1 valgomasis šaukštas soda
- 1 valgomasis šaukštas kukurūzų krakmolo
- 4 šaukštai vandens, padalinti
- 2 šaukštai austrių padažo
- 2 šaukštai Shaoxing ryžių vyno
- 2 arbatinius šaukštelius šviesiai rudojo cukraus
- 1 valgomasis šaukštas hoisin padažo
- 2 šaukštai augalinio aliejaus
- 4 nuluptos šviežio imbiero griežinėliai, maždaug ketvirčio dydžio
- Košerinė druska
- 1 svaro brokoliai, supjaustyti kąsnio dydžio žiedynais
- 2 česnako skiltelės, smulkiai susmulkintos

Kryptys:

a) Mažame dubenyje sumaišykite jautieną ir kepimo soda, kad padengtumėte. Atidėkite 10 minučių. Jautieną labai gerai nuplaukite ir nusausinkite popieriniais rankšluosčiais.

b) Kitame mažame dubenyje sumaišykite kukurūzų krakmolą su 2 šaukštais vandens ir sumaišykite su austrių padažu, ryžių vynu, ruduoju cukrumi ir hoisin padažu. Atidėti.

c) Kaitinkite wok keptuvę ant vidutinės-stiprios ugnies, kol susilietus sušnypš ir išgaruos vandens lašas. Supilkite aliejų ir pasukite, kad pasidengtų wok keptuvės pagrindas. Pagardinkite aliejų, įberdami imbiero ir žiupsnelį druskos. Leiskite imbierui čirškėti aliejuje apie 30 sekundžių, švelniai sukdami. Įdėkite jautieną į wok ir maišydami kepkite 3-4 minutes, kol nebebus rausvos spalvos. Perkelkite jautieną į dubenį ir atidėkite.

d) Suberkite brokolius ir česnaką ir maišydami pakepinkite 1 minutę, tada įpilkite likusius 2 šaukštus vandens. Uždenkite wok keptuvę ir troškinkite brokolius 6-8 minutes, kol jie taps traškūs.

e) Grąžinkite jautieną į wok keptuvę ir įmaišykite padažą 2-3 minutes, kol visiškai apskrus ir padažas šiek tiek sutirštės. Išmeskite imbierą, perkelkite į lėkštę ir patiekite karštą.

53. Juodųjų pipirų jautienos kepsnys

Ingridientai:

- 1 valgomasis šaukštas austrių padažo
- 1 šaukštas Shaoxing ryžių vyno
- 2 arbatiniai šaukšteliai kukurūzų krakmolo
- 2 arbatiniai šaukšteliai šviesaus sojų padažo
- Malti baltieji pipirai
- ¼ arbatinio šaukštelio cukraus
- ¾ svaro jautienos nugarinės arba nugarinės galiukų, supjaustytų 1 colio gabalėliais
- 3 šaukštai augalinio aliejaus
- 3 nuluptos šviežio imbiero griežinėliai, kurių kiekviena yra maždaug ketvirčio dydžio
- Košerinė druska
- 1 žalia paprika, supjaustyta ½ colio pločio juostelėmis
- 1 mažas raudonasis svogūnas, plonai supjaustytas juostelėmis
- 1 arbatinis šaukštelis šviežiai maltų juodųjų pipirų arba daugiau pagal skonį
- 2 arbatinius šaukštelius sezamo aliejaus

Kryptys:

a) Dubenyje sumaišykite austrių padažą, ryžių vyną, kukurūzų krakmolą, šviesią soją, žiupsnelį baltųjų pipirų ir cukrų. Mesti jautieną, kad apsemtų ir marinuoti 10 minučių.

b) Kaitinkite wok keptuvę ant vidutinės-stiprios ugnies, kol susilietus sušnypš ir išgaruos vandens lašas. Supilkite augalinį aliejų ir pasukite, kad padengtumėte wok dugną. Įdėkite imbierą ir žiupsnelį druskos. Leiskite imbierui čirškėti aliejuje apie 30 sekundžių, švelniai sukdami.

c) Žnyplėmis perkelkite jautieną į wok keptuvę ir išmeskite likusį marinatą. Kepkite ant wok keptuvės 1–2 minutes arba tol, kol susidarys ruda apskrudusi plutelė. Apverskite jautieną ir apkepkite iš kitos pusės, dar 2 minutes. Maišydami kepkite, išmesdami ir apversdami wok keptuvėje dar 1–2 minutes, tada perkelkite jautieną į švarų dubenį.

d) Suberkite papriką ir svogūną ir maišydami pakepinkite 2–3 minutes arba tol, kol daržovės atrodys blizgios ir minkštos. Grąžinkite jautieną į wok keptuvę, įberkite juodųjų pipirų ir maišydami kartu kepkite dar 1 minutę.

e) Išmeskite imbierą, perkelkite į lėkštę ir apšlakstykite sezamo aliejumi. Patiekite karštą.

54. Sezamo jautiena

Ingridientai:

- 1 valgomasis šaukštas šviesaus sojų padažo
- 2 šaukštai sezamo aliejaus, padalinti
- 2 arbatiniai šaukšteliai kukurūzų krakmolo, padalinti
- 1 svaro kabykla, sijonas arba plokščias kepsnys, supjaustytas $\frac{1}{4}$ colio storio juostelėmis
- $\frac{1}{2}$ puodelio šviežiai spaustų apelsinų sulčių
- $\frac{1}{2}$ arbatinio šaukštelio ryžių acto
- 1 arbatinis šaukštelis sriracha (nebūtina)
- 1 arbatinis šaukštelis šviesiai rudojo cukraus
- Košerinė druska
- Šviežiai malti juodieji pipirai
- 3 šaukštai augalinio aliejaus, padalinti
- 4 nuluptos šviežio imbiero griežinėliai, kurių kiekviena yra maždaug ketvirčio dydžio
- 1 mažas geltonas svogūnas, plonais griežinėliais
- 3 česnako skiltelės, susmulkintos
- $\frac{1}{2}$ šaukšto baltųjų sezamų sėklų, papuošimui

Kryptys:

a) Dideliame dubenyje sumaišykite šviesią soją, 1 šaukštą sezamo aliejaus ir 1 arbatinį šaukštelį kukurūzų krakmolo, kol kukurūzų krakmolas ištirps. Sudėkite jautieną ir išmeskite, kad pasidengtų marinatu. Atidėkite marinuotis 10 minučių, kol ruošite padažą.

b) Stikliniame matavimo puodelyje sumaišykite apelsinų sultis, likusį 1 šaukštą sezamo aliejaus, ryžių actą, sriracha (jei naudojate), rudąjį cukrų, likusį 1 arbatinį šaukštelį kukurūzų krakmolo ir žiupsnelį druskos bei pipirų. Maišykite, kol kukurūzų krakmolas ištirps, ir atidėkite.

c) Kaitinkite wok keptuvę ant vidutinės-stiprios ugnies, kol susilietus sušnypš ir išgaruos vandens lašas. Supilkite 2 šaukštus augalinio aliejaus ir pasukite, kad pasidengtų wok keptuvės pagrindas. Pagardinkite aliejų, įberdami imbiero ir žiupsnelį druskos. Leiskite imbierui čirškėti aliejuje apie 30 sekundžių, švelniai sukdami.

d) Žnyplėmis perkelkite jautieną į wok ir išmeskite marinatą. Leiskite gabalėliams kepti wok keptuvėje 2-3 minutes. Apverskite, kad apkeptų iš kitos pusės dar 1-2 minutes. Maišydami kepkite, greitai vartydami wok keptuvėje dar 1 minutę. Perkelkite į švarų dubenį.

e) Įpilkite likusį 1 šaukštą augalinio aliejaus ir įmeskite į svogūną. Greitai pakepinkite, išmesdami ir apversdami svogūną wok mentele 2-3 minutes, kol svogūnas atrodys permatomas, bet vis tiek bus tvirtos tekstūros. Suberkite česnaką ir maišydami pakepinkite dar 30 sekundžių.

f) Supilkite padažą ir toliau virkite, kol padažas pradės tirštėti. Grąžinkite jautieną į wok keptuvę, išmeskite ir apverskite, kad jautiena ir svogūnai būtų padengti padažu. Pagal skonį pagardinkite druska ir pipirais.

g) Perkelkite į lėkštę, išmeskite imbierą, pabarstykite sezamo sėklomis ir patiekite karštą.

55. Mongoliška jautiena

Ingridientai:

- 2 šaukštai Shaoxing ryžių vyno
- 1 valgomasis šaukštas tamsaus sojų padažo
- 1 valgomasis šaukštas kukurūzų krakmolo, padalintas
- $\frac{3}{4}$ svaro šoninis kepsnys, supjaustytas nuo grūdų $\frac{1}{4}$ colio storio griežinėliais
- $\frac{1}{4}$ puodelio mažai natrio turinčio vištienos sultinio
- 1 valgomasis šaukštas šviesiai rudojo cukraus
- 1 puodelis augalinio aliejaus
- 4 arba 5 sveiki džiovinti raudoni kiniški čili pipirai
- 4 česnako skiltelės, stambiai supjaustytos
- 1 arbatinis šaukštelis smulkiai sumalto šviežio imbiero
- $\frac{1}{2}$ geltonojo svogūno, plonais griežinėliais
- 2 šaukštai stambiai pjaustytos šviežios kalendros

Kryptys:

a) Maišymo dubenyje sumaišykite ryžių vyną, tamsią soją ir 1 šaukštą kukurūzų krakmolo. Sudėkite supjaustytą šoninį kepsnį ir išmeskite, kad apsemtų. Atidėkite į šalį ir marinuokite 10 minučių.

b) Supilkite aliejų į wok keptuvę ir pašildykite iki 375 ° F ant vidutinės-stiprios ugnies. Galite suprasti, kad aliejus yra tinkamos temperatūros, kai įmerkite medinio šaukšto galą į aliejų. Jei aliejus burbuliuoja ir šnypščia aplink jį, aliejus yra paruoštas.

c) Pakelkite jautieną iš marinato, palikite marinatą. Įdėkite jautieną į aliejų ir kepkite 2–3 minutes, kol susidarys auksinė pluta. Wok skimeriu perkelkite jautieną į švarų dubenį ir atidėkite. Į marinato dubenį supilkite vištienos sultinį ir rudąjį cukrų ir išmaišykite.

d) Iš wok keptuvės išpilkite visą aliejų, išskyrus 1 šaukštą, ir padėkite ant vidutinės-stiprios ugnies. Sudėkite čili pipirus, česnaką ir imbierą. Leiskite aromatinėms medžiagoms čirškėti aliejuje apie 10 sekundžių, švelniai sukdami.

e) Sudėkite svogūną ir maišydami pakepinkite 1–2 minutes arba tol, kol svogūnas taps minkštas ir skaidrus. Supilkite vištienos sultinio mišinį ir išmaišykite, kad susimaišytų. Troškinkite apie 2 minutes, tada sudėkite jautieną ir viską plakite dar 30 sekundžių.

f) Perkelkite į lėkštę, papuoškite kalendra ir patiekite karštą.

56. Sičuano jautiena su salierais ir morkomis

Ingridientai:

- 2 šaukštai Shaoxing ryžių vyno
- 1 valgomasis šaukštas tamsaus sojų padažo
- 2 arbatinius šaukštelius sezamo aliejaus
- $\frac{3}{4}$ svaro šono arba sijono kepsnys, supjaustytas prieš grūdus
- 1 valgomasis šaukštas hoisin padažo
- 2 arbatiniai šaukšteliai šviesaus sojų padažo
- 2 šaukštai kukurūzų krakmolo, padalinti
- $\frac{1}{4}$ arbatinio šaukštelio kiniškų penkių prieskonių miltelių
- 1 arbatinis šaukštelis grūstų Sičuano pipirų
- 4 nuluptos šviežio imbiero griežinėliai
- 3 česnako skiltelės, lengvai sutraiškytos
- 2 salierų stiebai, susmulkinti iki 3 colių juostelių
- 1 didelė morka, nulupta ir supjaustyta iki 3 colių juostelių
- 2 laiškiniai svogūnai, plonais griežinėliais

Kryptys:

a) Dubenyje sumaišykite ryžių vyną, tamsią soją ir sezamo aliejų.

b) Sudėkite jautieną ir išmaišykite, kad sumaišytumėte. Atidėkite 10 minučių.

c) Mažame dubenyje sumaišykite hoisin padažą, šviesią soją, vandenį, 1 šaukštą kukurūzų krakmolo ir penkis prieskonių miltelius. Atidėti.

d) Kaitinkite wok keptuvę ant vidutinės-stiprios ugnies, kol susilietus sušnypš ir išgaruos vandens lašas. Supilkite augalinį aliejų ir pasukite, kad padengtumėte wok dugną. Pagardinkite aliejų, suberdami pipirų žirnelius, imbierą ir česnaką. Leiskite aromatinėms medžiagoms čirškėti aliejuje apie 10 sekundžių, švelniai sukdami.

e) Įmeskite jautieną į likusį 1 šaukštą kukurūzų krakmolo, kad padengtumėte, ir sudėkite į wok keptuvę. Kepkite jautieną prie wok keptuvės šono 1–2 minutes arba tol, kol susidarys aukso rudos spalvos pluta. Apverskite ir dar minutę pakepinkite iš kitos pusės. Išmeskite ir apverskite dar apie 2 minutes, kol jautiena nebebus rausva.

f) Perkelkite jautieną į wok keptuvės šonus, o į centrą sudėkite salierą ir morkas. Maišydami kepkite, maišydami ir apversdami, kol daržovės suminkštės, dar 2–3 minutes. Maišykite hoisin padažo mišinį ir supilkite į wok keptuvę. Toliau kepkite, jautieną ir daržoves aptepdami padažu 1–2 minutes, kol padažas pradės tirštėti ir taps blizgus. Išimkite imbierą ir česnaką ir išmeskite.

57. Hoisin jautienos salotų puodeliai

Ingridientai:

- ¾ svaro maltos jautienos
- 2 arbatiniai šaukšteliai kukurūzų krakmolo
- Košerinė druska
- Šviežiai malti juodieji pipirai
- 3 šaukštai augalinio aliejaus, padalinti
- 1 valgomasis šaukštas nulupto smulkiai sumalto imbiero
- 2 česnako skiltelės, smulkiai susmulkintos
- 1 morka, nulupta ir nulupta
- 1 (4 uncijos) skardinė kubeliais pjaustytų vandens kaštonų, nusausinti ir nuplauti
- 2 šaukštai hoisin padažo
- 3 laiškiniai svogūnai, baltos ir žalios dalys atskirtos, plonais griežinėliais
- 8 platūs ledkalnio (arba Bibb) salotų lapai, apipjaustyti iki tvarkingų apvalių puodelių

Kryptys:

a) Dubenyje jautieną pabarstykite kukurūzų krakmolu ir žiupsneliu druskos bei pipirų. Gerai išmaišykite, kad susimaišytų.

b) Kaitinkite wok keptuvę ant vidutinės-stiprios ugnies, kol susilietus vandens rutuliukas sušnypš ir išgaruos. Supilkite 2 šaukštus aliejaus ir pasukite, kad pasidengtų wok keptuvės pagrindas. Įdėkite jautieną ir apkepkite iš abiejų pusių, tada išmeskite ir apverskite, suskaidydami jautieną į trupinius ir gumulėlius 3–4 minutes, kol jautiena nebebus rausva. Perkelkite jautieną į švarų dubenį ir atidėkite.

c) Nuvalykite wok keptuvę ir grąžinkite ant vidutinės ugnies. Įpilkite likusį 1 šaukštą aliejaus ir greitai maišydami pakepinkite imbierą ir česnaką su žiupsneliu druskos. Kai tik česnakas kvepia, įmeskite morką ir vandens kaštonus 2–3 minutes, kol morka taps minkšta. Sumažinkite ugnį iki vidutinės, sugrąžinkite jautieną į wok keptuvę ir supilkite su hoisin padažu ir laiškinių svogūnų baltymais. Mesti, kad sujungtumėte, dar apie 45 sekundes.

d) Išskleiskite salotų lapus, po 2 lėkštėje, ir tolygiai paskirstykite jautienos mišinį tarp salotų lapų. Papuoškite laiškinių svogūnų žalumynais ir valgykite kaip minkštą taco.

58. Kepti kiaulienos kotletai su svogūnais

Ingridientai:

- 4 kiaulienos nugarinės gabalėliai be kaulų
- 1 valgomasis šaukštas Shaoxing vyno
- ½ arbatinio šaukštelio šviežiai maltų juodųjų pipirų
- Košerinė druska
- 3 puodeliai augalinio aliejaus
- 2 šaukštai kukurūzų krakmolo
- 3 nuluptos šviežio imbiero griežinėliai, kurių kiekviena yra maždaug ketvirčio dydžio
- 1 vidutinio dydžio geltonas svogūnas, plonais griežinėliais
- 2 česnako skiltelės, smulkiai susmulkintos
- 2 šaukštai šviesaus sojų padažo
- 1 arbatinis šaukštelis tamsaus sojų padažo
- ½ arbatinio šaukštelio raudonojo vyno acto
- Cukrus

Kryptys:

a) Kiaulienos kotletus sutrinkite mėsos plaktuku, kol jie pasidarys ½ colio storio. Sudėkite į dubenį ir pagardinkite ryžių vynu, pipirais ir nedideliu žiupsneliu druskos. Marinuoti 10 minučių.

b) Supilkite aliejų į wok keptuvę; aliejus turi būti maždaug 1-1½ colio gylio. Įkaitinkite aliejų iki 375 ° F ant vidutinės ir stiprios ugnies. Galite suprasti, kad aliejus yra tinkamos temperatūros, kai įmerkite medinio šaukšto galą į aliejų. Jei aliejus burbuliuoja ir šnypščia aplink jį, aliejus yra paruoštas.

c) Dirbdami 2 partijomis, aptepkite kotletus kukurūzų krakmolu. Švelniai po vieną sudėkite juos į aliejų ir kepkite 5-6 minutes, kol taps auksinės spalvos. Perkelkite į popieriniu rankšluosčiu išklotą lėkštę.

d) Iš wok keptuvės išpilkite visą aliejų, išskyrus 1 šaukštą, ir padėkite ant vidutinės-stiprios ugnies. Pagardinkite aliejų, įberdami imbiero ir žiupsnelį druskos. Leiskite imbierui čirškėti aliejuje apie 30 sekundžių, švelniai sukdami.

e) Maišydami pakepinkite svogūną apie 4 minutes, kol taps skaidrus ir suminkštės. Suberkite česnaką ir maišydami pakepinkite dar 30 sekundžių arba kol pasidarys kvapnus. Perkelkite į lėkštę su kiaulienos kotletais.

f) Į wok keptuvę supilkite šviesią soją, tamsiąją soją, raudonojo vyno actą, žiupsnelį cukraus ir išmaišykite, kad susimaišytų. Užvirinkite ir svogūną bei kiaulienos kotletus grąžinkite į wok keptuvę. Išmeskite, kad padažas pradėtų šiek tiek tirštėti. Išimkite imbierą ir išmeskite. Perkelkite į lėkštę ir nedelsdami patiekite.

59. Penkių prieskonių kiauliena su Bok Choy

Ingridientai:

- 1 valgomasis šaukštas šviesaus sojų padažo
- 1 šaukštas Shaoxing ryžių vyno
- 1 arbatinis šaukštelis kiniškų penkių prieskonių miltelių
- 1 arbatinis šaukštelis kukurūzų krakmolo
- ½ arbatinio šaukštelio šviesiai rudojo cukraus
- ¾ svaro maltos kiaulienos
- 2 šaukštai augalinio aliejaus
- 2 česnako skiltelės, nuluptos ir šiek tiek sutrintos
- Košerinė druska
- 2–3 bok choy galvutės, supjaustytos skersai kąsnio dydžio gabalėliais
- 1 morka, nulupta ir nulupta
- Virti ryžiai, patiekimui

Kryptys:

a) Maišymo dubenyje sumaišykite šviesią soją, ryžių vyną, penkių prieskonių miltelius, kukurūzų krakmolą ir rudąjį cukrų. Įdėkite kiaulieną ir švelniai išmaišykite, kad susimaišytų. Atidėkite marinuotis 10 minučių.

b) Kaitinkite wok keptuvę ant vidutinės-stiprios ugnies, kol susilietus sušnypš ir išgaruos vandens lašas. Supilkite aliejų ir pasukite, kad pasidengtų wok keptuvės pagrindas. Pagardinkite aliejų, įberdami česnako ir žiupsnelį druskos. Leiskite česnakui čirškėti aliejuje apie 10 sekundžių, švelniai sukdami.

c) Įdėkite kiaulieną į wok keptuvę ir palikite 1–2 minutes arba kol susidarys auksinė pluta, kad ji apskrustų prie wok keptuvės sienelių. Apverskite ir kepkite iš kitos pusės dar minutę. Išmeskite ir apverskite, kad maišant pakeptumėte kiaulieną dar 1–2 minutes, suskaidydami ją į trupinius ir gumulėlius, kol nebebus rausvos.

d) Sudėkite bok choy ir morkas, išmaišykite ir apverskite, kad susimaišytumėte su kiauliena. Maišydami kepkite 2–3 minutes, kol morkos ir bok choy suminkštės. Perkelkite į lėkštę ir patiekite karštą su garuose virtais ryžiais.

60. Hoisin kiaulienos kepsnys

Ingridientai:

- 2 arbatiniai šaukšteliai Shaoxing ryžių vyno
- 2 arbatiniai šaukšteliai šviesaus sojų padažo
- ½ arbatinio šaukštelio čili pastos
- ¾ svaro kiaulienos nugarinė be kaulų, plonai supjaustyta julienne juostelėmis
- 2 šaukštai augalinio aliejaus
- 4 nuluptos šviežio imbiero griežinėliai, kurių kiekviena yra maždaug ketvirčio dydžio
- Košerinė druska
- 4 uncijos sniego žirniai, plonai supjaustyti įstrižai
- 2 šaukštai hoisin padažo
- 1 valgomasis šaukštas vandens

Kryptys:

a) Dubenyje sumaišykite ryžių vyną, šviesią soją ir čili pasta. Įdėkite kiaulieną ir išmeskite, kad padengtumėte. Atidėkite marinuotis 10 minučių.

b) Kaitinkite wok keptuvę ant vidutinės-stiprios ugnies, kol susilietus sušnypš ir išgaruos vandens lašas. Supilkite aliejų ir pasukite, kad pasidengtų wok keptuvės pagrindas. Pagardinkite aliejų, įberdami imbiero ir žiupsnelį druskos. Leiskite imbierui čirškėti aliejuje apie 30 sekundžių, švelniai sukdami.

c) Sudėkite kiaulieną ir marinatą ir maišydami kepkite 2–3 minutes, kol nebebus rausvos spalvos. Suberkite sniego žirnelius ir maišydami kepkite apie 1 minutę, kol suminkštės ir taps skaidrūs. Įmaišykite Hoisin padažą ir vandenį, kad padažas atsipalaiduotų. Toliau maišykite ir apverskite 30 sekundžių arba tol, kol padažas įkais ir pasidengs kiauliena bei sniego žirniai.

d) Perkelkite į lėkštę ir patiekite karštą.

61. Du kartus virta kiaulienos pilvas

Ingridientai:

- 1 svaro kiaulienos pilvas be kaulų
- ⅓ puodelis Black Bean Sauce arba parduotuvėje pirktas juodųjų pupelių padažas
- 1 šaukštas Shaoxing ryžių vyno
- 1 arbatinis šaukštelis tamsaus sojų padažo
- ½ arbatinio šaukštelio cukraus
- 2 šaukštai augalinio aliejaus, padalinti
- 4 nuluptos šviežio imbiero griežinėliai
- Košerinė druska
- 1 poras, perpjautas išilgai ir perpjautas įstrižai
- ½ raudonosios paprikos, supjaustytos

Kryptys:

a) Į didelį puodą sudėkite kiaulieną ir užpilkite vandeniu. Užvirinkite keptuvę ir sumažinkite iki mažos ugnies. Troškinkite neuždengtą 30 minučių arba tol, kol kiauliena suminkštės ir iškeps. Naudodami kiaurasamtį perkelkite kiaulieną į dubenį (kepimo skystį išmeskite) ir leiskite atvėsti.

b) Šaldykite keletą valandų arba per naktį. Kai kiauliena atvės, plonai supjaustykite ¼ colio storio griežinėliais ir atidėkite.

Leisdami kiaulieną visiškai atvėsti prieš pjaustydami, bus lengviau ją plonais griežinėliais.

c) Stikliniame matavimo puodelyje sumaišykite juodųjų pupelių padažą, ryžių vyną, tamsią soją ir cukrų ir atidėkite.

d) Kaitinkite wok keptuvę ant vidutinės-stiprios ugnies, kol susilietus sušnypš ir išgaruos vandens lašas. Supilkite 1 šaukštą aliejaus ir pasukite, kad pasidengtų wok keptuvės pagrindas. Pagardinkite aliejų, įberdami imbiero ir žiupsnelį druskos. Leiskite imbierui čirškėti aliejuje apie 30 sekundžių, švelniai sukdami.

e) Dirbdami partijomis, pusę kiaulienos perkelkite į wok keptuvę. Leiskite gabalėliams kepti wok keptuvėje 2–3 minutes. Apverskite, kad apkeptumėte iš kitos pusės dar 1–2 minutes, kol kiauliena pradės susiraityti. Perkelkite į švarų dubenį. Pakartokite su likusia kiauliena.

f) Įpilkite likusį 1 šaukštą aliejaus. Suberkite porą ir raudonąją papriką ir maišydami pakepinkite 1 minutę, kol poras suminkštės. Supilkite padažą ir maišydami kepkite, kol pasidarys kvapnus. Sudėkite kiaulieną atgal į keptuvę ir toliau maišydami kepkite dar 2–3 minutes, kol viskas iškeps. Išmeskite imbiero griežinėlius ir perkelkite į serviravimo lėkštę.

62. Mu Shu kiauliena su keptuvės blynais

Ingridientai:

Dėl blynų

- 1¾ stiklinės universalių miltų
- ¾ puodelio verdančio vandens
- Košerinė druska
- 3 šaukštai sezamo aliejaus

Dėl mu shu kiaulienos

- 2 šaukštai šviesaus sojų padažo
- 1 arbatinis šaukštelis kukurūzų krakmolo
- 1 arbatinis šaukštelis Shaoxing ryžių vyno
- Malti baltieji pipirai
- ¾ svaro kiaulienos nugarinė be kaulų, supjaustyta iki grūdo
- 3 šaukštai augalinio aliejaus
- 2 arbatinius šaukštelius nulupto smulkiai sumalto šviežio imbiero
- 1 didelė morka, nulupta ir plonai supjaustyta iki 3 colių ilgio
- 6–8 švieži ausų grybai, supjaustyti julienne juostelėmis
- ½ mažos galvos žalio kopūsto, susmulkinto
- 2 laiškiniai svogūnai, supjaustyti ½ colio ilgio

- 1 (4 uncijos) skardinė supjaustyti bambuko ūgliai, nusausinti ir džiovinti

- ¼ puodelio slyvų padažo, patiekimui

Kryptys:

Blynams gaminti

a) Dideliame dubenyje mediniu šaukštu sumaišykite miltus, verdantį vandenį ir žiupsnelį druskos. Viską maišykite, kol pasidarys puri tešla. Tešlą perkelkite ant miltais pabarstytos pjaustymo lentelės ir minkykite rankomis apie 4 minutes arba iki vientisos masės. Tešla bus karšta, todėl dėvėkite vienkartines pirštines, kad apsaugotumėte rankas. Tešlą grąžinkite į dubenį ir uždenkite plastikine plėvele. Leiskite pailsėti 30 minučių.

b) Iš tešlos rankomis iškočiokite 12 colių ilgio rąstą. Supjaustykite rąstą į 12 lygių dalių, išlaikydami apvalią formą, kad sukurtumėte medalionus. Delnais išlyginkite medalionus, o viršūnes patepkite sezamų aliejumi. Suspauskite aliejumi pateptas puses, kad susidarytumėte 6 krūveles padvigubėjusių tešlos gabalėlių.

c) Kiekvieną krūvą susukite į vieną ploną, apvalų, 7-8 colių skersmens lakštą. Kočiodami blyną geriausia nuolat apversti, kad abi pusės būtų tolygiai plonos.

d) Įkaitinkite ketaus keptuvę ant vidutinės-stiprios ugnies ir kepkite blynus po vieną apie 1 minutę iš pirmosios pusės, kol ji taps šiek tiek permatoma ir pradės pūslėti. Apverskite, kad keptumėte kitą pusę, dar 30 sekundžių. Blyną perkelkite į virtuviniu rankšluosčiu išklotą lėkštę ir atsargiai ištraukite abu blynus.

Paruošti mu shu kiaulieną

e) Maišymo dubenyje sumaišykite šviesią soją, kukurūzų krakmolą, ryžių vyną ir žiupsnelį baltųjų pipirų. Sudėkite griežinėliais pjaustytą kiaulieną ir išmeskite, kad apsemtų ir marinuotų 10 minučių.

f) Kaitinkite wok keptuvę ant vidutinės-stiprios ugnies, kol susilietus sušnypš ir išgaruos vandens lašas. Supilkite augalinį aliejų ir pasukite, kad padengtumėte wok dugną. Pagardinkite aliejų, įberdami imbiero ir žiupsnelį druskos. Leiskite imbierui čirškėti aliejuje apie 10 sekundžių, švelniai sukdami.

g) Įdėkite kiaulieną ir maišydami kepkite 1-2 minutes, kol nebebus rausvos. Sudėkite morkas ir grybus ir toliau maišydami kepkite dar 2 minutes arba kol morka suminkštės. Sudėkite kopūstus, svogūnus ir bambuko ūglius ir maišydami pakepinkite dar minutę arba kol sušils. Perkelkite į dubenį ir patiekite šaukštu dėdami kiaulienos įdarą į blyno centrą ir užpildami slyvų padažu.

63. Kiaulienos šonkauliai su juodųjų pupelių padažu

Ingridientai:

- 1 svaro kiaulienos šonkauliai, supjaustyti skersai 1,5 colio pločio juostelėmis
- ¼ arbatinio šaukštelio maltų baltųjų pipirų
- 2 šaukštai juodųjų pupelių padažo arba parduotuvėje pirkto juodųjų pupelių padažo
- 1 šaukštas Shaoxing ryžių vyno
- 1 valgomasis šaukštas augalinio aliejaus
- 2 arbatiniai šaukšteliai kukurūzų krakmolo
- ½ colio šviežio imbiero gabalėlis, nuluptas ir smulkiai sumaltas
- 2 česnako skiltelės, smulkiai susmulkintos
- 1 arbatinis šaukštelis sezamo aliejaus
- 2 laiškiniai svogūnai, plonais griežinėliais

Kryptys:

a) Supjaustykite tarp šonkaulių, kad atskirtumėte juos į kąsnio dydžio riekeles. Negiliame, karščiui atspariame dubenyje sumaišykite šonkauliukus ir baltuosius pipirus. Įpilkite juodųjų pupelių padažo, ryžių vyno, augalinio aliejaus, kukurūzų krakmolo, imbiero ir česnako ir sumaišykite, kad visi riekelės būtų padengtos. Marinuoti 10 minučių.

b) Išskalaukite bambukinį garintuvo krepšelį ir jo dangtį po šaltu vandeniu ir įdėkite į wok keptuvę. Supilkite 2 colius vandens arba tol, kol jis maždaug $\frac{1}{4}$-$\frac{1}{2}$ colio pakils virš garintuvo apatinio krašto, bet ne tiek, kad liestų krepšelio dugną. Įdėkite dubenį su šonkauliais į garintuvo krepšį ir uždenkite.

c) Įjunkite ugnį iki didelės, kad užvirtų vanduo, tada sumažinkite ugnį iki vidutinės. Garinkite ant vidutinės ir stiprios ugnies 20–22 minutes arba tol, kol riekelės nebebus rausvos. Gali prireikti papildyti vandens, todėl nuolat tikrinkite, ar wok keptuvėje jis neužvirė sausai.

d) Atsargiai išimkite dubenį iš garintuvo krepšio. Šonkauliukus apšlakstykite sezamo aliejumi ir papuoškite laiškiniais svogūnais. Patiekite iš karto.

64. Kepta Mongolijos ėriena

Ingridientai:

- 2 šaukštai Shaoxing ryžių vyno
- 1 valgomasis šaukštas tamsaus sojų padažo
- 3 česnako skiltelės, susmulkintos
- 2 arbatiniai šaukšteliai kukurūzų krakmolo
- 1 arbatinis šaukštelis sezamo aliejaus
- 1 svaro ėriuko koja be kaulų, supjaustyta $\frac{1}{4}$ colio storio griežinėliais
- 3 šaukštai augalinio aliejaus, padalinti
- 4 nuluptos šviežio imbiero griežinėliai, kurių kiekviena yra maždaug ketvirčio dydžio
- 2 sveiki džiovinti raudonieji čili pipirai (nebūtina)
- Košerinė druska
- 4 svogūnai, supjaustyti 3 colių ilgio gabalėliais, tada plonais griežinėliais išilgai

Kryptys:

a) Dideliame dubenyje sumaišykite ryžių vyną, tamsią soją, česnaką, kukurūzų krakmolą ir sezamo aliejų. Įdėkite ėrieną į marinatą ir išmeskite, kad apsemtų. Marinuoti 10 minučių.

b) Kaitinkite wok keptuvę ant vidutinės-stiprios ugnies, kol susilietus sušnypš ir išgaruos vandens lašas. Supilkite 2 šaukštus augalinio aliejaus ir pasukite, kad pasidengtų wok keptuvės pagrindas. Pagardinkite aliejų, įberdami imbiero, čili (jei naudojate) ir žiupsnelį druskos. Leiskite aromatinėms medžiagoms čirškėti aliejuje apie 30 sekundžių, švelniai sukdami.

c) Žnyplėmis iš marinato iškelkite pusę avienos, šiek tiek pakratykite, kad nuvarvėtų perteklius. Rezervuokite marinatą. Kepkite wok keptuvėje 2–3 minutes. Apverskite, kad apkeptų iš kitos pusės dar 1–2 minutes. Maišydami kepkite, greitai vartydami wok keptuvėje dar 1 minutę. Perkelkite į švarų dubenį. Įpilkite likusį 1 šaukštą augalinio aliejaus ir pakartokite su likusia aviena.

d) Grąžinkite visą érieną ir rezervuotą marinatą į wok keptuvę ir įmeskite laiškinius svogūnus. Maišydami pakepinkite dar 1 minutę arba kol ėriena iškeps ir marinatas pavirs blizgiu padažu.

e) Perkelkite į serviravimo lėkštę, išmeskite imbierą ir patiekite karštą.

65. Kmynais pagardinta ėriena

Ingridientai:

- ¾ svaro ėriuko koja be kaulų, supjaustyta 1 colio gabalėliais
- 1 valgomasis šaukštas šviesaus sojų padažo
- 1 šaukštas Shaoxing ryžių vyno
- Košerinė druska
- 2 šaukštai maltų kmynų
- 1 arbatinis šaukštelis grūstų Sičuano pipirų
- ½ arbatinio šaukštelio cukraus
- 3 šaukštai augalinio aliejaus, padalinti
- 4 nuluptos šviežio imbiero griežinėliai, kurių kiekviena yra maždaug ketvirčio dydžio
- 2 šaukštai kukurūzų krakmolo
- ½ geltonojo svogūno, supjaustyto išilgai juostelėmis
- 6-8 sveiki džiovinti kiniški čili pipirai (nebūtina)
- 4 česnako skiltelės, smulkiai supjaustytos
- ½ ryšulio šviežios kalendros, stambiai pjaustytos

Kryptys:

a) Dubenyje sumaišykite ėrieną, šviesią soją, ryžių vyną ir nedidelį žiupsnelį druskos. Išmeskite, kad pasidengtų ir marinuokite 15 minučių arba per naktį šaldytuve.

b) Kitame dubenyje sumaišykite kmynus, Sičuano pipirus ir cukrų. Atidėti.

c) Kaitinkite wok keptuvę ant vidutinės-stiprios ugnies, kol susilietus sušnypš ir išgaruos vandens lašas. Supilkite 2 šaukštus aliejaus ir pasukite, kad pasidengtų wok keptuvės pagrindas. Pagardinkite aliejų, įberdami imbiero ir žiupsnelį druskos. Leiskite imbierui čirškėti aliejuje apie 30 sekundžių, švelniai sukdami.

d) Avienos gabalėlius išmaišykite su kukurūzų krakmolu ir sudėkite į karštą wok keptuvę. Apkepkite ėriuką 2-3 minutes iš kiekvienos pusės, o tada maišydami kepkite dar 1 ar 2 minutes, mėtydami ir apversdami wok keptuvę. Perkelkite ėrieną į švarų dubenį ir atidėkite.

e) Įpilkite likusį 1 šaukštą aliejaus ir pasukite, kad apsemtų wok keptuvę. Suberkite svogūną ir čili pipirus (jei naudojate) ir maišydami pakepinkite 3-4 minutes arba tol, kol svogūnas pradės atrodyti blizgus, bet nesuglebęs. Lengvai pagardinkite nedideliu žiupsneliu druskos. Suberkite česnako ir prieskonių mišinį ir toliau maišydami pakepinkite dar minutę.

f) Grąžinkite ėrieną į wok keptuvę ir dar pakepinkite 1-2 minutes. Perkelkite į lėkštę, išmeskite imbierą ir papuoškite kalendra.

66. Aviena su imbieru ir porais

Ingridientai:

- ¾ svaro ėriuko koja be kaulų, supjaustyta į 3 gabalėlius, tada plonais griežinėliais per visą grūdą
- Košerinė druska
- 2 šaukštai Shaoxing ryžių vyno
- 1 valgomasis šaukštas tamsaus sojų padažo
- 1 valgomasis šaukštas šviesaus sojų padažo
- 1 arbatinis šaukštelis austrių padažo
- 1 arbatinis šaukštelis medaus
- 1-2 arbatinius šaukštelius sezamo aliejaus
- ½ arbatinio šaukštelio maltų Sičuano pipirų
- 2 arbatiniai šaukšteliai kukurūzų krakmolo
- 2 šaukštai augalinio aliejaus
- 1 valgomasis šaukštas nulupto ir smulkiai sumalto šviežio imbiero
- 2 porai, nupjauti ir plonais griežinėliais
- 4 česnako skiltelės, smulkiai susmulkintos

Kryptys:

a) Maišymo dubenyje avieną lengvai pagardinkite 1–2 žiupsneliais druskos. Išmeskite, kad apsemtų ir atidėkite 10 minučių. Mažame dubenyje sumaišykite ryžių vyną, tamsią soją, šviesią soją, austrių padažą, medų, sezamo aliejų, Sičuano pipirus ir kukurūzų krakmolą. Atidėti.

b) Kaitinkite wok keptuvę ant vidutinės-stiprios ugnies, kol susilietus sušnypš ir išgaruos vandens lašas. Supilkite augalinį aliejų ir pasukite, kad padengtumėte wok dugną. Pagardinkite aliejų, įberdami imbiero ir žiupsnelį druskos. Leiskite imbierui čirškėti aliejuje apie 10 sekundžių, švelniai sukdami.

c) Įdėkite avieną ir pakepinkite 1–2 minutes, tada pradėkite kepti maišydami, mėtydami ir apversdami dar 2 minutes arba tol, kol nebebus rausvos spalvos. Perkelkite į švarų dubenį ir atidėkite.

d) Sudėkite porus ir česnaką ir maišydami pakepinkite 1–2 minutes arba tol, kol porai taps ryškiai žali ir minkšti. Perkelkite į ėrienos dubenį.

e) Supilkite padažo mišinį ir troškinkite 3–4 minutes, kol padažas sumažės per pusę ir taps blizgus. Grąžinkite ėrieną ir daržoves į wok keptuvę ir sumaišykite su padažu.

f) Perkelkite į lėkštę ir patiekite karštą.

67. Tailandietiška bazilikų jautiena

Ingridientai:

- 2 šaukštai aliejaus
- 12 uncijų. jautiena, plonai pjaustyta prieš grūdus
- 5 skiltelės česnako, susmulkintos
- ½ raudonosios paprikos, plonai supjaustytos
- 1 nedidelis svogūnas, plonais griežinėliais
- 2 arbatinius šaukštelius sojos padažo
- 1 arbatinis šaukštelis tamsaus sojų padažo
- 1 arbatinis šaukštelis austrių padažo
- 1 valgomasis šaukštas žuvies padažo
- ½ arbatinio šaukštelio cukraus
- 1 puodelis Tailando baziliko lapelių, supakuotas
- Kalendra, papuošimui

Kryptys:

a) Įkaitinkite wok ant stiprios ugnies ir įpilkite aliejaus. Kepkite jautieną, kol tik apskrus. Išimkite iš wok ir atidėkite į šalį.
b) Į wok keptuvę suberkite česnaką ir raudonuosius pipirus ir maišydami pakepinkite apie 20 sekundžių.
c) Suberkite svogūnus ir pakepinkite, kol paruduos ir šiek tiek karamelizuosis.
d) Įmeskite jautieną atgal kartu su sojos padažu, tamsiu sojos padažu, austrių padažu, žuvies padažu ir cukrumi.
e) Maišydami pakepinkite dar kelias sekundes, tada įmaišykite tailandietišką baziliką, kol jis tiesiog suvys.
f) Patiekite su jazminų ryžiais ir papuoškite kalendra.

68. Kiniška BBQ kiauliena

APTARNAVIMAS 8

Ingridientai:

- 3 svarai (1,4 kg) kiaulienos mentės / kiaulienos užpakaliuko (pasirinkite pjūvį su gerais riebalais)
- ¼ puodelio (50 g) cukraus
- 2 arbatinius šaukštelius druskos
- ½ arbatinio šaukštelio penkių prieskonių miltelių
- ¼ arbatinio šaukštelio baltųjų pipirų
- ½ arbatinio šaukštelio sezamo aliejaus
- 1 valgomasis šaukštas Shaoxing vyno arba
- Kinijos slyvų vynas
- 1 valgomasis šaukštas sojos padažo
- 1 valgomasis šaukštas hoisin padažo
- 2 arbatiniai šaukšteliai melasos
- 3 skiltelės smulkiai sumalto česnako
- 2 šaukštai maltozės arba medaus
- 1 valgomasis šaukštas karšto vandens

Kryptys:

a) Supjaustykite kiaulieną ilgomis juostelėmis arba maždaug 3 colių storio gabalėliais. Nenuimkite riebalų pertekliaus, nes jie išsiskirs ir suteiks skonio.

b) Marinatui paruošti dubenyje sumaišykite cukrų, druską, penkių prieskonių miltelius, baltuosius pipirus, sezamo aliejų, vyną, sojų padažą, hoisin padažą, melasą, maistinius dažus (jei naudojate) ir česnaką.

c) Pasilikite apie 2 šaukštus marinato ir atidėkite į šalį. Įtrinkite kiaulieną su likusiu marinatu dideliame dubenyje arba kepimo inde. Uždenkite ir šaldykite per naktį arba bent 8 valandas. Uždenkite ir rezervuotą marinatą taip pat laikykite šaldytuve.

d) Įkaitinkite orkaitę iki aukščiausios temperatūros (475–550 laipsnių F arba 250–290 laipsnių C), o groteles įtaisykite viršutiniame orkaitės trečdalyje. Išklokite skardą folija ir ant viršaus padėkite metalinį stovą. Padėkite kiaulieną ant grotelių, palikdami kuo daugiau vietos tarp gabalėlių. Supilkite 1 ½ puodelio vandens į keptuvę po lentyna. Tai apsaugo nuo lašelių degimo ar rūkymo.

e) Perkelkite kiaulieną į įkaitintą orkaitę ir kepkite 25 minutes. Po 25 minučių kiaulieną apverskite. Jei keptuvės dugnas sausas, įpilkite dar puodelį vandens. Pasukite keptuvę 180 laipsnių kampu, kad iškeptumėte tolygiai. Kepkite dar 15 minučių.

f) Tuo tarpu rezervuotą marinatą sumaišykite su maltoze arba medumi ir 1 šaukštu karšto vandens. Tai bus padažas, kurį naudosite kiaulienos troškinimui.

g) Praėjus 40 minučių viso kepimo laiko, sutepkite kiaulieną, apverskite ją ir aptepkite kitą pusę. Kepkite paskutines 10 minučių.

h) Praėjus 50 minučių viso kepimo laiko, kiauliena turi būti iškepusi ir karamelizuota. Jei jis nėra karamelizuotas pagal jūsų skonį, galite kelioms minutėms įjungti broilerį, kad išorė būtų traški ir įgautų spalvos / skonio.

69. Garuose keptos BBQ kiaulienos bandelės

GAMINA 10 BANDELŲ

Ingridientai:

Garuose keptai bandelių tešlai:

- 1 arbatinis šaukštelis aktyvių sausų mielių
- ¾ puodelio šilto vandens
- 2 puodeliai universalių miltų
- 1 puodelis kukurūzų krakmolo
- 5 šaukštai cukraus
- ¼ puodelio rapsų arba augalinio aliejaus
- 2½ arbatinio šaukštelio kepimo miltelių

Įdarui:

- 1 valgomasis šaukštas aliejaus
- ⅓ puodelio smulkiai pjaustytų askaloninių česnakų arba raudonojo svogūno
- 1 valgomasis šaukštas cukraus
- 1 valgomasis šaukštas šviesaus sojų padažo
- 1½ šaukšto austrių padažo
- 2 arbatinius šaukštelius sezamo aliejaus
- 2 arbatiniai šaukšteliai tamsaus sojų padažo
- ½ puodelio vištienos sultinio
- 2 šaukštai universalių miltų
- 1½ puodelio kubeliais pjaustytos kiniškos kiaulienos kepsnys

Kryptys:

a) Elektrinio maišytuvo dubenyje su tešlos kabliu (taip pat galite naudoti įprastą maišymo dubenį ir minkyti rankomis) ištirpinkite 1 arbatinį šaukštelį aktyvių sausų mielių 3/4 puodelio šilto vandens. Išsijokite miltus ir kukurūzų krakmolą ir suberkite į mielių mišinį kartu su cukrumi ir aliejumi.

b) Įjunkite maišytuvą iki žemiausio lygio ir leiskite veikti, kol susidarys lygus tešlos rutulys. Uždenkite drėgnu skudurėliu ir palikite 2 valandas. (Kepimo miltelius įdėsite vėliau!)

c) Kol tešla ilsisi, pasigaminkite mėsos įdarą. Wok keptuvėje ant vidutinės ugnies įkaitinkite 1 šaukštą aliejaus. Suberkite askaloninius česnakus/svogūnus ir maišydami pakepinkite 1 minutę. Sumažinkite šilumą iki vidutinio ir žemo lygio ir įpilkite cukraus, šviesaus sojų padažo, austrių padažo, sezamų aliejaus ir tamsaus sojų padažo. Išmaišykite ir virkite, kol mišinys pradės burbuliuoti. Supilkite vištienos sultinį ir miltus, virkite 3 minutes, kol sutirštės. Nukelkite nuo ugnies ir įmaišykite kiaulienos kepsnį. Atidėkite atvėsti. Jei įdarą gaminate anksčiau laiko, uždenkite ir atšaldykite, kad neišdžiūtų.

d) Kai tešla pailsės 2 valandas, į tešlą įpilkite kepimo miltelių ir įjunkite maišytuvą iki žemiausio lygio. Šiuo metu, jei tešla atrodo sausa arba kyla problemų su kepimo milteliais, įpilkite 1-2 arbatinius šaukštelius vandens. Švelniai minkykite tešlą, kol ji vėl taps lygi. Uždenkite drėgnu skudurėliu ir palikite dar 15 minučių. Tuo tarpu paimkite didelį gabalėlį pergamentinio popieriaus ir supjaustykite ji į dešimt 4x4 colių kvadratų. Paruoškite garintuvą užvirdami vandenį.

e) Dabar ruošiamės surinkti bandeles: tešlą iškočiokite į ilgą vamzdelį ir padalinkite į 10 lygių dalių. Kiekvieną tešlos gabalėlį įspauskite į maždaug $4\frac{1}{2}$ colio skersmens diską (ji turėtų būti storesnė centre ir plonesnė aplink kraštus). Įpilkite šiek tiek įdaro ir klostykite bandeles, kol jos užsidarys.

f) Kiekvieną bandelę padėkite ant pergamentinio popieriaus kvadrato ir išvirkite. Bandeles garinau dviem atskiromis partijomis, naudodama garuose virtą bambuką.

g) Kai vanduo užvirs, sudėkite bandeles į garų puodą ir kiekvieną partiją troškinkite 12 minučių ant stiprios ugnies.

70. Kantono kiaulienos kepsnys

APTARNAVIMAS 6-8

Ingridientai:

- 3 svarų kiaulienos pilvo plokštė su oda
- 2 arbatiniai šaukšteliai Shaoxing vyno
- 2 arbatinius šaukštelius druskos
- 1 arbatinis šaukštelis cukraus
- ½ arbatinio šaukštelio penkių prieskonių miltelių
- ¼ arbatinio šaukštelio baltųjų pipirų
- 1½ arbatinio šaukštelio ryžių vyno acto
- ½ puodelio rupios jūros druskos

Kryptys:

a) Nuplaukite kiaulienos pilvą ir nusausinkite. Padėkite jį odele žemyn ant padėklo ir įtrinkite Shaoxing vyną į mėsą (ne odą). Sumaišykite druską, cukrų,
b) penkių prieskonių milteliai ir baltieji pipirai. Šiuo prieskonių mišiniu taip pat gerai įtrinkite mėsą. Apverskite mėsą, kad ji būtų oda į viršų.
c) Taigi, norint atlikti kitą žingsnį, iš tikrųjų yra specialus įrankis, kurį naudoja restoranai, bet mes tiesiog panaudojome aštrų metalinį iešmelį. Sistemingai kiškite skylutes visoje odoje, kad oda taptų traški, o ne išliks lygi ir odinė. Kuo daugiau skylių, tuo geriau. Taip pat įsitikinkite, kad jie yra pakankamai gilūs. Sustokite tiesiai virš riebalinio sluoksnio apačioje.
d) Kiaulienos papilvę leiskite išdžiūti šaldytuve neuždengtą 12-24 valandas.

e) Įkaitinkite orkaitę iki 375 laipsnių F. Ant kepimo skardos uždėkite didelį aliuminio folijos gabalą (labiausiai tinka stipri folija) ir švelniai sulenkite kiaulienos šonus, kad aplink ją sukurtumėte tarsi dėžutę. , su 1 colio aukščio krašteliu aplink šonus.
f) Ištepkite ryžių vyno actu ant kiaulienos odos. Supilkite jūros druską vienu lygiu sluoksniu ant odos, kad kiauliena būtų visiškai padengta. Pašaukite į orkaitę ir kepkite 1 valandą ir 30 minučių. Jei jūsų kiaulienos pilvas vis dar turi šonkaulį, kepkite 1 valandą ir 45 minutes.
g) Išimkite kiaulieną iš orkaitės, įjunkite broilerį iki minimumo ir padėkite orkaitės groteles į žemiausią padėtį. Nuimkite viršutinį jūros druskos sluoksnį nuo kiaulienos pilvo, atsukite foliją ir ant keptuvės padėkite kepsninę. Padėkite kiaulienos papilvę ant grotelių ir padėkite atgal po broileriu, kad suskrustų. Tai turėtų trukti 10-15 minučių. Idealiu atveju broileriai turėtų būti „žemai", kad šis procesas vyktų palaipsniui. Jei jūsų broileris labai įkaista, atidžiai jį stebėkite ir būtinai laikykite kiaulieną kuo toliau nuo šilumos šaltinio.
h) Kai odelė išsipūs ir taps traški, išimkite iš orkaitės. Leiskite jam pailsėti apie 15 minučių. Supjaustykite ir patiekite!

71. Kepti sniego žirniai

Ingridientai

- 2 šaukštai augalinio aliejaus
- 2 nuluptos šviežio imbiero griežinėliai, kurių kiekviena yra maždaug ketvirčio dydžio
- Košerinė druska
- $\frac{3}{4}$ svaro sniego žirnių arba cukrinių žirnių, nuimtos virvelės

Kryptys:

a) Kaitinkite wok keptuvę ant vidutinės-stiprios ugnies, kol susilietus sušnypš ir išgaruos vandens lašas. Supilkite aliejų ir pasukite, kad pasidengtų wok keptuvės pagrindas. Aliejų pagardinkite įberdami imbiero griežinėlių ir žiupsnelį druskos. Leiskite imbierui čirškėti aliejuje apie 30 sekundžių, švelniai sukdami.

b) Suberkite sniego žirnelius ir wok mentele išmeskite, kad pasidengtų aliejumi. Maišydami kepkite 2-3 minutes, kol taps ryškiai žalia ir traški.

c) Perkelkite į lėkštę ir išmeskite imbierą. Patiekite karštą.

72. Kepti špinatai su česnaku ir sojos padažu

Ingridientai

- 1 valgomasis šaukštas šviesaus sojų padažo
- 1 arbatinis šaukštelis cukraus
- 2 šaukštai augalinio aliejaus
- 4 česnako skiltelės, smulkiai supjaustytos
- Košerinė druska
- 8 uncijos iš anksto nuplautų kūdikių špinatų

Kryptys:

a) Mažame dubenyje sumaišykite šviesią soją ir cukrų, kol cukrus ištirps, ir atidėkite.

b) Kaitinkite wok keptuvę ant vidutinės-stiprios ugnies, kol susilietus sušnypš ir išgaruos vandens lašas. Supilkite aliejų ir pasukite, kad pasidengtų wok keptuvės pagrindas. Suberkite česnaką ir žiupsnelį druskos ir maišydami pakepinkite, kol česnakas taps kvapnus, maždaug 10 sekundžių. Naudodami kiaurasamtį išimkite česnaką iš keptuvės ir atidėkite į šalį.

c) Į pagardintą aliejų suberkite špinatus ir maišydami pakepinkite, kol žalumynai suvys ir taps ryškiai žali. Įpilkite cukraus ir sojų mišinio ir išmaišykite, kad apsemtų. Grąžinkite česnaką į wok keptuvę ir išmeskite, kad įsimaišytų. Perkelkite į patiekalą ir patiekite.

73. Aštrūs kepti Napa kopūstai

Ingridientai

- 2 šaukštai augalinio aliejaus
- 3 ar 4 džiovinti čili pipirai
- 2 nuluptos šviežio imbiero griežinėliai, kurių kiekviena yra maždaug ketvirčio dydžio
- Košerinė druska
- 2 česnako skiltelės, supjaustytos
- 1 napa kopūsto galva, susmulkinta
- 1 valgomasis šaukštas šviesaus sojų padažo
- ½ šaukšto juodojo acto
- Šviežiai malti juodieji pipirai

Kryptys:

a) Įkaitinkite wok keptuvę ant vidutinės-stiprios ugnies. Supilkite aliejų ir suberkite čili. 15 sekundžių leiskite čiliams čirškėti aliejuje. Įdėkite imbiero griežinėlius ir žiupsnelį druskos. Įmeskite česnaką ir trumpai pakepinkite, kad pagardintumėte aliejų, maždaug 10 sekundžių. Neleiskite česnakui paruduoti ar sudeginti.

b) Sudėkite kopūstą ir maišydami kepkite, kol jis suvys ir taps ryškiai žalias, maždaug 4 minutes. Įpilkite šviesios sojos ir juodojo acto ir pagardinkite žiupsneliu druskos ir pipirų. Mesti, kad padengtų dar 20–30 sekundžių.

c) Perkelkite į lėkštę ir išmeskite imbierą. Patiekite karštą.

74. Dry-Fried String pupelės

Ingridientai

- 1 valgomasis šaukštas šviesaus sojų padažo
- 1 valgomasis šaukštas malto česnako
- 1 valgomasis šaukštas doubanjiang (kiniškos čili pupelių pastos)
- 2 arbatinius šaukštelius cukraus
- 1 arbatinis šaukštelis sezamo aliejaus
- Košerinė druska
- ½ puodelio augalinio aliejaus
- 1 svaras šparaginių pupelių, nupjautų, perpjautų per pusę ir nusausintų

Kryptys:

a) Mažame dubenyje sumaišykite šviesią soją, česnaką, pupelių pastą, cukrų, sezamo aliejų ir žiupsnelį druskos. Atidėti.

b) Wok keptuvėje įkaitinkite augalinį aliejų ant vidutinės-stiprios ugnies. Apkepkite pupeles. Švelniai pasukite pupeles aliejuje, kol jos pasirodys susiraukšlėjusios.

c) Kai visos pupelės iškeps, likusį aliejų atsargiai supilkite į karščiui atsparų indą. Norėdami nuvalyti ir išvalyti wok indą, naudokite žnyplę su pora popierinių rankšluosčių.

d) Grąžinkite wok keptuvę ant stiprios ugnies ir įpilkite 1 šaukštą rezervuoto kepimo aliejaus. Sudėkite šparagines pupeles ir čili padažą, maišydami pakepinkite, kol padažas užvirs ir apsems šparagines pupeles. Perkelkite pupeles į lėkštę ir patiekite karštas.

75. Kepti Bok Choy ir grybai

Ingridientai

- 3 šaukštai augalinio aliejaus
- 1 nuluptas šviežias imbiero griežinėlis, maždaug ketvirčio dydžio
- ½ svaro šviežių šitake grybų
- 2 česnako skiltelės, susmulkintos
- 1½ svaro baby bok choy, supjaustytas skersai 1 colio gabalėliais
- 2 šaukštai Shaoxing ryžių vyno
- 2 arbatiniai šaukšteliai šviesaus sojų padažo
- 2 arbatinius šaukštelius sezamo aliejaus

Kryptys:

a) Įkaitinkite wok keptuvę ant vidutinės-stiprios ugnies. Supilkite augalinį aliejų ir pasukite, kad padengtumėte wok dugną. Įdėkite imbiero griežinėlį ir žiupsnelį druskos.

b) Sudėkite grybus ir maišydami kepkite 3-4 minutes, kol jie pradės ruduoti. Sudėkite česnaką ir maišydami pakepinkite, kol pasidarys kvapnus, dar apie 30 sekundžių.

c) Įpilkite bok choy ir sumaišykite su grybais. Įpilkite ryžių vyno, šviesios sojos ir sezamo aliejaus. Virkite 3-4 minutes, nuolat maišydami daržoves, kol jos suminkštės.

d) Perkelkite daržoves į serviravimo lėkštę, išmeskite imbierą ir patiekite karštą.

76. Keptų daržovių mišinys

Ingridientai

- 3 šaukštai augalinio aliejaus
- 1 nuluptas šviežias imbiero griežinėlis, maždaug ketvirčio dydžio
- Košerinė druska
- ½ baltojo svogūno, supjaustyto 1 colio gabalėliais
- 1 didelė morka, nulupta ir perpjauta įstrižai
- 2 salierų šonkauliukai, supjaustyti įstrižai ¼ colio storio griežinėliais
- 6 švieži šitake grybai
- 1 raudona paprika, supjaustyta 1 colio gabalėliais
- 1 nedidelė sauja šparaginių pupelių, nupjautų
- 2 česnako skiltelės, smulkiai susmulkintos
- 2 laiškiniai svogūnai, plonais griežinėliais

Kryptys:

a) Kaitinkite wok keptuvę ant vidutinės-stiprios ugnies, kol susilietus sušnypš ir išgaruos vandens lašas. Supilkite aliejų ir pasukite, kad pasidengtų wok keptuvės pagrindas. Pagardinkite aliejų, įberdami imbiero griežinėlį ir žiupsnelį druskos. Leiskite aliejuje čirškėti apie 30 sekundžių, švelniai sukdami.

b) Įdėkite svogūną, morką ir salierą į wok keptuvę ir maišydami pakepinkite, mentele greitai judindami daržoves wok keptuvėje. Kai daržovės pradeda atrodyti minkštos, maždaug 4 minutes, suberkite grybus ir toliau mėtykite juos karštoje wok keptuvėje.

c) Kai grybai atrodys minkšti, suberkite papriką ir toliau maišykite, dar apie 4 minutes. Kai paprikos pradės minkštėti, suberkite šparagines pupeles ir maišykite, kol suminkštės, dar apie 3 minutes. Sudėkite česnaką ir pakepinkite, kol pasidarys kvapnus.

d) Perkelkite į lėkštę, išmeskite imbierą ir papuoškite svogūnais. Patiekite karštą.

77. Budos malonumas

Ingridientai

- Maža sauja (apie ⅓ puodelis) džiovinti medžio ausų grybai
- 8 džiovinti šitake grybai
- 2 šaukštai šviesaus sojų padažo
- 2 arbatinius šaukštelius cukraus
- 1 arbatinis šaukštelis sezamo aliejaus
- 2 šaukštai augalinio aliejaus
- 2 nuluptos šviežio imbiero griežinėliai, kurių kiekviena yra maždaug ketvirčio dydžio
- Košerinė druska
- 1 moliūgas, perpjautas per pusę, išskobtas sėklomis ir supjaustytas kąsnio dydžio gabalėliais
- 2 šaukštai Shaoxing ryžių vyno
- 1 puodelis cukraus žirnelių, nuimtos stygos
- 1 (8 uncijos) skardinė kaštonams palaistyti, nuplauti ir nusausinti
- Šviežiai malti juodieji pipirai

Kryptys:
a) Abu džiovintus grybus pamerkite į atskirus dubenėlius, tik užpiltus karštu vandeniu, kol suminkštės, apie 20 min. Nusausinkite ir išmeskite medinių ausų mirkymo skystį.

Nusausinkite ir sutaupykite ½ puodelio šitake skysčio. Į grybų skystį supilkite šviesią soją, cukrų ir sezamų aliejų ir išmaišykite, kad cukrus ištirptų. Atidėti.

b) Kaitinkite wok keptuvę ant vidutinės-stiprios ugnies, kol susilietus sušnypš ir išgaruos vandens lašas. Supilkite augalinį aliejų ir pasukite, kad padengtumėte wok dugną. Aliejų pagardinkite įberdami imbiero griežinėlių ir žiupsnelį druskos. Leiskite imbierui čirškėti aliejuje apie 30 sekundžių, švelniai sukdami.

c) Sudėkite moliūgą ir pakepinkite maišydami su pagardintu aliejumi apie 3 minutes. Supilkite grybus ir ryžių vyną ir toliau maišydami kepkite 30 sekundžių. Suberkite sniego žirnelius ir vandens kaštonus, išmeskite, kad pasidengtų aliejumi. Įpilkite rezervuoto grybų prieskonių skysčio ir uždenkite. Tęskite virti, retkarčiais pamaišydami, kol daržovės suminkštės, maždaug 5 minutes.

d) Nuimkite dangtį ir pagal skonį pagardinkite druska ir pipirais. Išmeskite imbierą ir patiekite.

78. Hunano stiliaus tofu

Ingridientai

- 1 arbatinis šaukštelis kukurūzų krakmolo
- 1 valgomasis šaukštas vandens
- 4 šaukštai augalinio arba rapsų aliejaus, padalinti
- Košerinė druska
- 1 svaras tvirto tofu, nusausintas ir supjaustytas ½ colio storio 2 colių skersmens kvadratais
- 3 šaukštai raugintų juodųjų pupelių, nuplautų ir sutrintų
- 2 šaukštai doubanjiang (kiniškos čili pupelių pastos)
- 1 colio gabalas šviežio imbiero, nulupto ir smulkiai sumalto
- 3 česnako skiltelės, smulkiai susmulkintos
- 1 didelė raudonoji paprika, supjaustyta 1 colio gabalėliais
- 4 laiškiniai svogūnai, supjaustyti 2 colių gabalėliais
- 1 šaukštas Shaoxing ryžių vyno
- 1 arbatinis šaukštelis cukraus
- ¼ puodelio mažai natrio turinčio vištienos arba daržovių sultinio

Kryptys:
a) Mažame dubenyje sumaišykite kukurūzų krakmolą ir vandenį ir atidėkite.

b) Kaitinkite wok keptuvę ant vidutinės-stiprios ugnies, kol susilietus sušnypš ir išgaruos vandens lašas. Supilkite 2 šaukštus aliejaus ir pasukite, kad padengtumėte wok dugną ir šonus. Įberkite žiupsnelį druskos ir vienu sluoksniu išdėliokite tofu griežinėlius wok keptuvėje. Kepkite tofu 1–2 minutes, pakreipdami wok keptuvę, kad aliejus stingtų po tofu. Kai pirmoji pusė apskrus, wok mentele atsargiai apverskite tofu ir pakepinkite dar 1–2 minutes, kol taps auksinės rudos spalvos. Apkeptą tofu perkelkite į lėkštę ir atidėkite.

c) Sumažinkite ugnį iki vidutinės-žemos. Į wok keptuvę įpilkite likusius 2 šaukštus aliejaus. Kai tik aliejus pradeda šiek tiek rūkyti, suberkite juodąsias pupeles, pupelių pastą, imbierą ir česnaką. Maišydami kepkite 20 sekundžių arba tol, kol aliejus įgaus sodriai raudoną spalvą nuo pupelių pastos.

d) Suberkite papriką, svogūnus ir sumaišykite su Shaoxing vynu ir cukrumi. Virkite dar minutę arba tol, kol vynas beveik išgaruos, o paprika suminkštės.

e) Švelniai įmaišykite keptą tofu, kol susijungs visi wok keptuvės ingredientai. Kepkite dar 45 sekundes arba tol, kol tofu įgaus sodriai raudoną spalvą ir laiškiniai svogūnai suvys.

f) Vištienos sultinį užpilkite ant tofu mišinio ir švelniai išmaišykite, kad wok keptuvė nusausintų ir ištirptų ant wok keptuvės įstrigo gabalėliai. Greitai išmaišykite kukurūzų krakmolo ir vandens mišinį ir sudėkite į wok keptuvę. Švelniai išmaišykite ir troškinkite 2 minutes arba tol, kol padažas taps blizgus ir tirštas. Patiekite karštą.

79. Ma Po Tofu

Ingridientai

- ½ svaro maltos kiaulienos
- 2 šaukštai Shaoxing ryžių vyno
- 2 arbatiniai šaukšteliai šviesaus sojų padažo
- 1 arbatinis šaukštelis smulkiai sumalto šviežio imbiero
- 2 arbatiniai šaukšteliai kukurūzų krakmolo
- 1½ šaukšto vandens
- 2 šaukštai augalinio aliejaus
- 1 valgomasis šaukštas grūstų Sičuano pipirų
- 3 šaukštai doubanjiang (kiniškos čili pupelių pastos)
- 4 laiškiniai svogūnai, plonais griežinėliais, padalinti
- 1 arbatinis šaukštelis čili aliejaus
- 1 arbatinis šaukštelis cukraus
- ½ arbatinio šaukštelio kiniškų penkių prieskonių miltelių
- 1 svaras vidutinio tofu, nusausintas ir supjaustytas ½ colio kubeliais
- 1½ puodelio mažai natrio turinčio vištienos sultinio
- Košerinė druska
- 1 valgomasis šaukštas stambiai pjaustytų šviežių kalendros lapelių, papuošimui

Kryptys:

a) Mažame dubenyje sumaišykite maltą kiaulieną, ryžių vyną, šviesią soją ir imbierą. Atidėti. Kitame mažame dubenyje sumaišykite kukurūzų krakmolą su vandeniu. Atidėti.

b) Įkaitinkite wok keptuvę ant vidutinės-stiprios ugnies ir supilkite augalinį aliejų. Suberkite Sičuano pipirų žirnelius ir švelniai patroškinkite, kol pradės šnypšti, kai aliejus įkaista.

c) Sudėkite marinuotą kiaulienos ir pupelių pastą ir maišydami kepkite 4–5 minutes, kol kiauliena apskrus ir sutrupės. Įpilkite pusę laiškinių svogūnų, čili aliejaus, cukraus ir penkių prieskonių miltelių. Toliau maišydami kepkite dar 30 sekundžių arba tol, kol svogūnai suvys.

d) Ant kiaulienos išbarstykite tofu kubelius ir užpilkite sultiniu. Nemaišykite; leiskite tofu išvirti ir pirmiausia šiek tiek sutvirtinkite. Uždenkite ir troškinkite 15 minučių ant vidutinės ugnies. Atidenkite ir švelniai išmaišykite. Būkite atsargūs, kad per daug nesulaužtumėte tofu kubelių.

e) Paragaukite ir pridėkite druskos arba cukraus, priklausomai nuo jūsų pageidavimų. Papildomas cukrus gali nuraminti aštrumą, jei jis per karštas. Dar kartą išmaišykite kukurūzų krakmolą ir vandenį ir supilkite į tofu. Švelniai maišykite, kol padažas sutirštės.

f) Papuoškite likusiais laiškiniais svogūnais ir kalendra ir patiekite karštą.

80. Virta pupelių varškė paprastame padaže

Ingridientai

- 1 svaro vidutinio tofu
- 2 šaukštai šviesaus sojų padažo
- 1 valgomasis šaukštas sezamo aliejaus
- 2 arbatinius šaukštelius juodojo acto
- 2 česnako skiltelės, smulkiai susmulkintos
- 1 arbatinis šaukštelis smulkiai sumalto šviežio imbiero
- ½ arbatinio šaukštelio cukraus
- 2 laiškiniai svogūnai, plonais griežinėliais
- 1 valgomasis šaukštas stambiai pjaustytų šviežių kalendros lapelių

Kryptys:

a) Išimkite tofu iš pakuotės, pasirūpinkite, kad jis nepažeistas. Padėkite jį ant didelės lėkštės ir atsargiai supjaustykite 1–1,5 colio storio griežinėliais. Atidėkite 5 minutėms. Pailsėjus tofui, daugiau išrūgų gali nutekėti.

b) Išskalaukite bambukinį garintuvo krepšelį ir jo dangtį po šaltu vandeniu ir įdėkite į wok keptuvę. Supilkite maždaug 2 colius šalto vandens arba tol, kol jis maždaug ¼–½ colio pakils virš garintuvo apatinio krašto, bet ne taip aukštai, kad vanduo liestų krepšio dugną.

c) Iš tofu lėkštės nusausinkite visas papildomas išrūgas ir įdėkite lėkštę į bambuko garintuvą. Uždenkite ir padėkite wok keptuvę ant vidutinės-stiprios ugnies. Užvirinkite vandenį ir troškinkite tofu 6-8 minutes.

d) Kol tofu garuoja, nedideliame puode ant silpnos ugnies maišykite šviesią soją, sezamų aliejų, actą, česnaką, imbierą ir cukrų, kol cukrus ištirps.

e) Apšlakstykite šiltu padažu ant tofu ir papuoškite svogūnais bei kalendra.

81. Sezamo šparagai

Ingridientai

- 2 šaukštai šviesaus sojų padažo
- 1 arbatinis šaukštelis cukraus
- 1 valgomasis šaukštas augalinio aliejaus
- 2 didelės česnako skiltelės, stambiai supjaustytos
- 2 svarų šparagai, apipjaustyti ir įstrižai supjaustyti 2 colių ilgio gabalėliais
- Košerinė druska
- 2 šaukštai sezamo aliejaus
- 1 valgomasis šaukštas skrudintų sezamo sėklų

Kryptys:

a) Mažame dubenyje sumaišykite šviesią soją ir cukrų, kol cukrus ištirps. Atidėti.

b) Kaitinkite wok keptuvę ant vidutinės-stiprios ugnies, kol susilietus sušnypš ir išgaruos vandens lašas. Supilkite augalinį aliejų ir pasukite, kad padengtumėte wok dugną. Suberkite česnaką ir maišydami pakepinkite, kol pasidarys kvapnus, apie 10 sekundžių.

c) Suberkite šparagus ir maišydami pakepinkite. Įpilkite sojų padažo mišinio ir išmaišykite, kad apsemtų šparagus, virkite dar apie 1 minutę.

d) Šparagus apšlakstykite sezamo aliejumi ir perkelkite į serviravimo indą. Papuoškite sezamo sėklomis ir patiekite karštą.

82. Kiniški brokoliai su austrių padažu

Ingridientai

- ¼ puodelio austrių padažo
- 2 arbatiniai šaukšteliai šviesaus sojų padažo
- 1 arbatinis šaukštelis sezamo aliejaus
- 2 šaukštai augalinio aliejaus
- 4 nuluptos šviežio imbiero griežinėliai, kurių kiekviena yra maždaug ketvirčio dydžio
- 4 česnako skiltelės, nuluptos
- Košerinė druska
- 2 kekės kiniškų brokolių arba brokolių, nupjautais kietais galais
- 2 šaukštai vandens

Kryptys:

a) Nedideliame dubenyje sumaišykite austrių padažą, šviesią soją ir sezamo aliejų ir atidėkite.

b) Kaitinkite wok keptuvę ant vidutinės-stiprios ugnies, kol susilietus sušnypš ir išgaruos vandens lašas. Supilkite augalinį aliejų ir pasukite, kad padengtumėte wok dugną. Įdėkite imbierą, česnaką ir žiupsnelį druskos. Leiskite aromatinėms medžiagoms čirškėti aliejuje, švelniai sukdami apie 10 sekundžių.

c) Sudėkite brokolius ir maišykite, kol pasidengs aliejumi ir ryškiai žalios spalvos. Įpilkite vandens ir uždenkite, kad garintumėte brokolius maždaug 3 minutes arba tol, kol stiebus bus galima lengvai perverti peiliu. Išimkite imbierą ir česnaką ir išmeskite.

d) Įmaišykite padažą ir išmeskite, kad pasidengtų iki karšto. Perkelkite į serviravimo lėkštę.

SRIUBOS

83. Kokosų kario makaronų sriuba

Ingridientai:
- 2 šaukštai aliejaus
- 3 česnako skiltelės, susmulkintos
- 1 valgomasis šaukštas šviežio imbiero, tarkuoto
- 3 šaukštai tajų raudonojo kario pastos
- 8 uncijos. vištienos krūtinėlės arba šlaunelių be kaulų, supjaustytų griežinėliais
- 4 puodeliai vištienos sultinio
- 1 puodelis vandens
- 2 šaukštai žuvies padažo
- ⅔ puodelio kokosų pieno
- 6 uncijos. džiovintų ryžių vermišelių makaronai
- 1 laimas, sultys

Kryptys:
a) Supjaustytas raudonasis svogūnas, raudonasis čili, kalendra, laiškiniai svogūnai papuošimui
b) Į didelį puodą ant vidutinės ugnies supilkite aliejų, česnaką, imbierą ir Tailando raudonojo kario pastą. Kepkite 5 minutes, kol pasidarys kvapnus.
c) Įdėkite vištieną ir kepkite porą minučių, kol vištiena taps nepermatoma.
d) Įpilkite vištienos sultinio, vandens, žuvies padažo ir kokosų pieno. Užvirinkite.
e) Šiuo metu paragaukite sultinio, ar nėra druskos, ir atitinkamai pakoreguokite prieskonius.
f) Verdančią sriubą užpilkite ant džiovintų vermišelių makaronų savo serviravimo dubenyse, įlašinkite laimo sulčių bei

garnyrų ir patiekite. Makaronai bus paruošti valgyti per kelias minutes.

84. Aštri jautienos makaronų sriuba

Ingridientai:
- 16 stiklinių šalto vandens
- 6 skiltelės imbiero
- 3 laiškiniai svogūnai, nuplauti ir perpjauti pusiau
- ¼ puodelio Shaoxing vyno
- 3 svarai. jautienos gabalėlis, supjaustytas 1½ colio gabalėliais
- 3 šaukštai aliejaus
- 1-2 šaukštai Sičuano pipirų
- 2 česnako galvutės, nuluptos
- 1 didelis svogūnas, supjaustytas kubeliais
- 5 žvaigždučių anyžius
- 4 lauro lapai
- ¼ puodelio aštrios pupelių pastos
- 1 didelis pomidoras, supjaustytas mažais gabalėliais
- ½ puodelio šviesaus sojų padažo
- 1 valgomasis šaukštas cukraus
- 1 didelis gabalas džiovintos mandarino žievelės
- Jūsų pasirinktų šviežių arba džiovintų kvietinių makaronų
- Susmulkinti laiškiniai svogūnai ir kalendra, papuošti

Kryptys:
a) Kitame puode arba dideliame wok įkaitinkite aliejų ant vidutinės silpnos ugnies ir suberkite Sičuano pipirus, česnako skilteles, svogūną, žvaigždinį anyžių ir lauro lapus. Virkite, kol česnako skiltelės ir svogūnų gabalėliai pradės minkštėti (apie 5 - 10 minučių). Įmaišykite aštrią pupelių pastą.
b) Tada sudėkite pomidorus ir kepkite dvi minutes. Galiausiai įmaišykite šviesų sojų padažą ir cukrų. Išjunkite šilumą.

c) Dabar iš 1-ojo puodo išgriebkime jautieną, imbierą ir laiškinius svogūnus ir perkelkime į 2-ąjį puodą. Tada supilkite sultinį per smulkų tinklelį. Padėkite puodą ant stiprios ugnies ir suberkite mandarino žievelę. Uždenkite ir užvirinkite sriubą. Nedelsdami sumažinkite ugnį iki mažos ugnies ir virkite 60-90 minučių.

d) Užvirus išjunkite ugnį, bet uždenkite dangtį ir leiskite puodui stovėti ant viryklės (išjungus šilumą) dar visą valandą, kad skoniai susimaišytų. Jūsų sriubos pagrindas paruoštas. Nepamirškite prieš patiekiant sriubos pagrindą dar kartą užvirti.

85. Kiaušinių lašų sriuba

Ingridientai:
- 4 puodeliai ekologiško vištienos sultinio arba naminio vištienos sultinio
- ½ arbatinio šaukštelio sezamo aliejaus
- ½ arbatinio šaukštelio druskos
- Žiupsnelis cukraus
- Žiupsnelis baltųjų pipirų
- 5 lašai geltonų maistinių dažų
- ¼ puodelio kukurūzų krakmolo, sumaišyto su ½ puodelio vandens
- 3 kiaušiniai, šiek tiek sumušti
- 1 svogūnas, susmulkintas

Kryptys:
a) Vidutinio dydžio sriubos puode užvirkite vištienos sultinį. Įmaišykite sezamų aliejų, druską, cukrų ir baltuosius pipirus.
b) Toliau supilkite kukurūzų krakmolo srutą.
c) Leiskite sriubai pavirti porą minučių, tada patikrinkite, ar konsistencija jums patinka.
d) Supilkite sriubą į dubenį, ant viršaus uždėkite pjaustytų laiškinių svogūnų, apšlakstykite sezamo aliejumi ir patiekite!

86. Paprasta wonton sriuba

Ingridientai:
- 10 oz. baby bok choy ar panaši žalia daržovė
- 1 puodelis maltos kiaulienos
- 2½ šaukšto sezamo aliejaus
- Žiupsnelis baltųjų pipirų
- 1 valgomasis šaukštas pagardinto sojų padažo
- ½ arbatinio šaukštelio druskos
- 1 valgomasis šaukštas Shaoxing vyno
- 1 pakuotė Wonton skins
- 6 puodeliai gero vištienos sultinio
- 1 valgomasis šaukštas sezamo aliejaus
- Baltieji pipirai ir druska pagal skonį
- 1 svogūnas, susmulkintas

Kryptys:
a) Pradėkite nuo kruopštaus daržovių plovimo. Užvirinkite didelį puodą vandens ir blanširuokite daržoves, kol suvys. Nusausinkite ir nuplaukite šaltame vandenyje. Paimkite gerą gabalėlį daržovių ir atsargiai išspauskite tiek vandens, kiek galite. Daržoves labai smulkiai supjaustykite (procesą taip pat galite paspartinti įmetę į virtuvinį kombainą).
b) Į vidutinį dubenį sudėkite smulkiai pjaustytas daržoves, maltą kiaulieną, sezamo aliejų, baltuosius pipirus, sojų padažą, druską ir Shaoxing vyną. Labai gerai maišykite, kol mišinys visiškai susimaišys – beveik kaip pasta.
c) Dabar atėjo laikas surinkti! Užpildykite nedidelį dubenį vandeniu. Paimkite vyniotinį ir pirštu sudrėkinkite įvynioklio kraštus. Į vidurį įpilkite šiek tiek daugiau nei arbatinį

šaukštelį įdaro. Sulenkite vyniotinį per pusę ir suspauskite abi puses, kad gautumėte tvirtą sandarumą.

d) Laikykite apatinius du ką tik padaryto stačiakampio kampus ir sujunkite abu kampus. Galite naudoti šiek tiek vandens, kad įsitikintumėte, jog jie prilimpa. Štai ir viskas! Tęskite surinkimą, kol išnyks visas įdaras. Vontonus dėkite ant kepimo skardos arba lėkštės, išklotos pergamentiniu popieriumi, kad nesuliptų.

e) Šiuo metu wontonus galite uždengti plastikine plėvele, įdėti kepimo skardą / lėkštę į šaldiklį ir, kai jie užšals, perkelti į Ziploc maišelius. Šaldiklyje jie bus laikomi keletą mėnesių ir bus paruošti sriubai, kai tik panorėsite.

f) Norėdami paruošti sriubą, įkaitinkite vištienos sultinį iki silpnos ugnies ir įpilkite sezamo aliejaus, baltųjų pipirų ir druskos.

g) Atskirą puodą vandens užvirinkite. Atsargiai po vieną į puodą supilkite wontonus. Išmaišykite, kad wontonai nepriliptų prie dugno. Jei jie prilimpa, nesijaudinkite, jie turėtų atsilaisvinti, kai tik iškeps. Jie baigti, kai jie plūduriuoja. Stenkitės jų neperkepti.

h) Išimkite vontonus kiaurasamčiu ir sudėkite į dubenėlius. Sriubą užpilkite ant wontonų ir papuoškite smulkintais laiškiniais svogūnais. Tarnauti!

87. Kiaušinių lašų sriuba

Ingridientai:
- 4 puodeliai mažai natrio turinčio vištienos sultinio
- 2 nuluptų šviežių imbiero griežinėlių
- 2 česnako skiltelės, nuluptos
- 2 arbatiniai šaukšteliai šviesaus sojų padažo
- 2 šaukštai kukurūzų krakmolo
- 3 šaukštai vandens
- 2 dideli kiaušiniai, lengvai paplakti
- 1 arbatinis šaukštelis sezamo aliejaus
- 2 laiškiniai svogūnai, plonais griežinėliais, papuošimui

Kryptys:
a) Wok arba sriubos puode sumaišykite sultinį, imbierą, česnaką ir šviesią soją ir užvirinkite. Sumažinkite iki ugnies ir virkite 5 minutes. Išimkite ir išmeskite imbierą ir česnaką.

b) Mažame dubenyje sumaišykite kukurūzų krakmolą ir vandenį ir įmaišykite mišinį į wok keptuvę.

c) Sumažinkite ugnį, kad užvirtų. Įmerkite šakutę į išplaktus kiaušinius ir perbraukite per sriubą, švelniai maišydami. Kelias minutes sriubą troškinkite netrukdomai, kad kiaušiniai sustingtų. Įmaišykite sezamo aliejų ir supilkite sriubą į serviravimo dubenėlius. Papuoškite laiškiniais svogūnais.

88. Karšta ir rūgšti sriuba

Ingridientai:

- 4 uncijos kiaulienos nugarinė be kaulų, supjaustyta ¼ colio storio juostelėmis
- 1 valgomasis šaukštas tamsaus sojų padažo
- 4 džiovinti šitake grybai
- 8 džiovinti medžio ausų grybai
- 1½ šaukšto kukurūzų krakmolo
- ¼ puodelio nepagardinto ryžių acto
- 2 šaukštai šviesaus sojų padažo
- 2 arbatinius šaukštelius cukraus
- 1 arbatinis šaukštelis kepto čili aliejaus
- 1 arbatinis šaukštelis maltų baltųjų pipirų
- 2 šaukštai augalinio aliejaus
- 1 nuluptas šviežias imbiero griežinėlis, maždaug ketvirčio dydžio
- Košerinė druska
- 4 puodeliai mažai natrio turinčio vištienos sultinio
- 4 uncijų tvirto tofu, nuplaunamo ir supjaustyto ¼ colio juostelėmis
- 1 didelis kiaušinis, lengvai paplaktas

- 2 laiškiniai svogūnai, plonais griežinėliais, papuošimui

Kryptys:

a) Į dubenį sumeskite kiaulieną ir tamsią soją, kad pasidengtų. Atidėti.

b) Abu grybus sudėkite į karščiui atsparų dubenį ir užpilkite verdančiu vandeniu. Mirkykite grybus, kol suminkštės, apie 20 minučių. $\frac{1}{4}$ puodelio grybų vandens supilkite į stiklinį matavimo puodelį ir atidėkite. Nusausinkite ir išmeskite likusį skystį. Smulkiai supjaustykite šitake grybus, o medžio ausų grybus supjaustykite kąsnio dydžio gabalėliais. Grąžinkite abu grybus į mirkymo dubenį ir atidėkite.

c) Kukurūzų krakmolą įmaišykite į rezervuotą grybų skystį, kol kukurūzų krakmolas ištirps. Įmaišykite actą, šviesią soją, cukrų, čili aliejų ir baltuosius pipirus, kol cukrus ištirps. Atidėti.

d) Kaitinkite wok keptuvę ant vidutinės-stiprios ugnies, kol susilietus sušnypš ir išgaruos vandens lašas. Supilkite augalinį aliejų ir pasukite, kad padengtumėte wok dugną. Pagardinkite aliejų, įberdami imbiero ir žiupsnelį druskos. Leiskite imbierui čirškėti aliejuje apie 30 sekundžių, švelniai sukdami.

e) Perkelkite kiaulieną į wok ir maišydami kepkite apie 3 minutes, kol kiauliena nebebus rausva. Išimkite imbierą ir išmeskite. Supilkite sultinį ir užvirinkite. Sumažinkite iki ugnies ir įmaišykite grybus. Įmaišykite tofu ir troškinkite 2 minutes. Įmaišykite kukurūzų krakmolo mišinį ir grąžinkite ugnį iki vidutinio stiprumo, maišykite, kol sriuba sutirštės, maždaug 30 sekundžių. Sumažinkite ugnį, kad užvirtų.

f) Įmerkite šakutę į išplaktą kiaušinį ir perbraukite per sriubą, švelniai maišydami.

89. Jautienos makaronų sriuba

Ingridientai:

- ¾ svaro jautienos nugarinės galiukų, plonais griežinėliais per visą grūdą
- 2 arbatinius šaukštelius kepimo sodos
- 4 šaukštai Shaoxing ryžių vyno, padalinti
- 4 šaukštai šviesaus sojų padažo, padalinti
- 2 arbatiniai šaukšteliai kukurūzų krakmolo, padalinti
- 1 arbatinis šaukštelis cukraus
- Šviežiai malti juodieji pipirai
- 3 šaukštai augalinio aliejaus, padalinti
- 2 arbatiniai šaukšteliai kiniškų penkių prieskonių miltelių
- 4 nuluptos šviežio imbiero griežinėliai
- 2 česnako skiltelės, nuluptos ir susmulkintos
- 4 puodeliai jautienos sultinio
- ½ svaro džiovintų kiniškų makaronų (bet kokios rūšies)
- 2 baby bok choy galvutės, suskirstytos į ketvirčius
- 1 valgomasis šaukštas laiškinių svogūnų-imbiero aliejaus

Kryptys:

a) Mažame dubenyje suberkite jautieną su soda ir palikite 5 minutes. Jautieną nuplaukite ir nusausinkite popieriniais rankšluosčiais.

b) Kitame dubenyje supilkite jautieną su ryžių vynu, šviesia soja, kukurūzų krakmolu, cukrumi, druska ir pipirais. Marinuoti.

c) Stikliniame matavimo puodelyje sumaišykite likusius 3 šaukštus ryžių vyno, 3 šaukštus šviesios sojos ir 1 arbatinį šaukštelį kukurūzų krakmolo ir atidėkite.

d) Kaitinkite wok keptuvę ant vidutinės-stiprios ugnies, kol susilietus sušnypš ir išgaruos vandens lašas. Supilkite 2 šaukštus augalinio aliejaus ir pasukite, kad pasidengtų wok keptuvės pagrindas. Įpilkite jautienos ir penkių prieskonių miltelių ir virkite 3-4 minutes, retkarčiais pamaišydami, kol šiek tiek apskrus. Perkelkite jautieną į švarų dubenį ir atidėkite.

e) Nuvalykite wok keptuvę ir grąžinkite ant vidutinės ugnies. Įpilkite likusį 1 šaukštą augalinio aliejaus ir pasukite, kad padengtumėte wok dugną. Įdėkite imbierą, česnaką ir žiupsnelį druskos, kad pagardintumėte aliejų. Leiskite imbierui ir česnakui čirškėti aliejuje apie 10 sekundžių, švelniai sukdami.

f) Supilkite sojų padažo mišinį ir užvirinkite. Supilkite sultinį ir vėl užvirkite. Sumažinkite iki silpnos ugnies ir grąžinkite jautieną į wok keptuvę. Troškinkite 10 minučių.

g) Tuo tarpu didelį puodą vandens užvirinkite ant stiprios ugnies. Sudėkite makaronus ir virkite pagal pakuotės instrukcijas. Naudodamiesi wok skimeriu, išgriebkite makaronus ir nusausinkite. Įpilkite bok choy į verdantį vandenį ir virkite 2–3 minutes, kol taps ryškiai žalia ir minkšta. Išgriebkite bok choy ir sudėkite į dubenį. Naudodami žnyples, aptepkite makaronus su laiškinių svogūnų ir imbiero aliejumi. Makaronus ir bok choy padalinkite į sriubos dubenėlius.

PARDUOTAI

90. Juodųjų pupelių padažas

Ingridientai

- ½ puodelio fermentuotų juodųjų pupelių, mirkyti
- 1 puodelis augalinio aliejaus, padalintas
- 1 didelis askaloninis česnakas, smulkiai sumaltas
- 3 šaukštai nulupto ir susmulkinto šviežio imbiero
- 4 laiškiniai svogūnai, plonais griežinėliais
- 6 česnako skiltelės, smulkiai susmulkintos
- ½ puodelio Shaoxing ryžių vyno

Kryptys:

a) Įkaitinkite wok keptuvę ant vidutinės-stiprios ugnies. Supilkite ¼ puodelio aliejaus ir pasukite, kad apsemtų keptuvę. Sudėkite askaloninius česnakus, imbierą, laiškinius svogūnus ir česnaką ir maišydami pakepinkite 1 minutę arba tol, kol mišinys suminkštės.

b) Įpilkite juodųjų pupelių ir ryžių vyno. Sumažinkite ugnį iki vidutinės ir virkite 3-4 minutes, kol mišinys sumažės per pusę.

c) Supilkite mišinį į sandarų indą ir atvėsinkite iki kambario temperatūros. Ant viršaus užpilkite likusią ¾ puodelio aliejaus ir sandariai uždenkite. Laikykite šaldytuve, kol paruošite naudoti.

d) Šis šviežių pupelių padažas šaldytuve sandariame inde išsilaikys iki mėnesio. Jei norite laikyti ilgiau, užšaldykite mažesnėmis porcijomis.

91. Svogūnų-imbiero aliejus

Ingridientai

- 1½ puodelio plonais griežinėliais pjaustytų laiškinių svogūnų
- 1 valgomasis šaukštas nulupto ir smulkiai sumalto šviežio imbiero
- 1 arbatinis šaukštelis košerinės druskos
- 1 puodelis augalinio aliejaus

Kryptys:

a) Karščiui atspariame stikliniame arba nerūdijančio plieno dubenyje suberkite svogūnus, imbierą ir druską. Atidėti.

b) Supilkite aliejų į wok keptuvę ir kaitinkite ant vidutinės-stiprios ugnies, kol aliejuje patekęs laiškinio laiško gabalėlis iškart sušnypš. Kai aliejus įkaista, nukelkite wok keptuvę nuo ugnies ir karštu aliejumi atsargiai užpilkite svogūnus ir imbierą. Mišinys pilant turi šnypšti ir burbuliuoti. Lėtai pilkite aliejų, kad jis neburbuliuotų.

c) Leiskite mišiniui visiškai atvėsti, apie 20 minučių. Išmaišykite, supilkite į sandarų stiklainį ir šaldykite iki 2 savaičių.

92. XO padažas

Ingridientai

- 2 puodeliai didelių džiovintų šukučių
- 20 džiovintų raudonųjų čili, nuimti stiebai
- 2 švieži raudoni čili pipirai, stambiai pjaustyti
- 2 askaloniniai česnakai, stambiai supjaustyti
- 2 česnako skiltelės, stambiai supjaustytos
- ½ puodelio mažų džiovintų krevečių
- 3 riekelės šoninės, susmulkintos
- ½ puodelio augalinio aliejaus
- 1 valgomasis šaukštas tamsiai rudojo cukraus
- 2 arbatiniai šaukšteliai kiniškų penkių prieskonių miltelių
- 2 šaukštai Shaoxing ryžių vyno

Kryptys:

a) Į didelį stiklinį dubenį sudėkite šukutes ir užpilkite verdančiu vandeniu. Mirkykite 10 minučių arba tol, kol šukutės suminkštės. Nupilkite vandenį, išskyrus 2 šaukštus, ir uždenkite plastikine plėvele. Mikrobangų krosnelėje 3 minutes. Atidėkite, kad šiek tiek atvėstų. Pirštais susmulkinkite šukutės į mažesnius gabalėlius, trinkite jas kartu, kad šukutės atsilaisvintų. Perkelkite į virtuvinį kombainą ir plakite 10-15 kartų arba tol, kol šukutės bus smulkiai susmulkintos. Perkelkite į dubenį ir atidėkite.

b) Virtuvės kombainu sumaišykite džiovintus čili, šviežius čili, askaloninius česnakus ir česnakus. Pulsuokite kelis kartus, kol masė taps vientisa ir atrodys smulkiai sumalta. Jums gali tekti nubraukti šonus, kad viskas būtų vienodo dydžio. Perkelkite mišinį į šukučių dubenį ir atidėkite.

c) Sudėkite krevetes ir šoninę į virtuvinį kombainą ir kelis kartus pasukite, kol smulkiai sumalti.

d) Įkaitinkite wok keptuvę ant vidutinės-stiprios ugnies. Supilkite aliejų ir pasukite, kad apsemtų keptuvę. Sudėkite krevetes ir šoninę ir kepkite 1-2 minutes, kol šoninė paruduos ir taps labai traški. Įpilkite rudojo cukraus ir penkių prieskonių miltelių ir virkite dar 1 minutę, kol rudasis cukrus karamelizuosis.

e) Įpilkite šukutės ir čili bei česnako mišinio ir virkite dar 1-2 minutes arba tol, kol česnakas pradės karamelizuotis. Atsargiai supilkite ryžių vyną ant wok keptuvės šonų ir virkite dar 2-3 minutes, kol išgaruos. Būkite atsargūs - šiuo metu aliejus gali išsitaškyti iš vyno.

f) Supilkite padažą į dubenį ir atvėsinkite. Atvėsusį padažą padalinkite į mažesnius stiklainius ir uždenkite. Šaldytuve XO padažas gali būti laikomas iki 1 mėnesio.

93. Keptas čili aliejus

Ingridientai

- ¼ puodelio Sičuano čili dribsnių
- 2 šaukštai baltųjų sezamo sėklų
- 1 žvaigždutės anyžių ankštis
- 1 cinamono lazdelė
- 1 arbatinis šaukštelis košerinės druskos
- 1 puodelis augalinio aliejaus

Kryptys:

a) Karščiui atspariame stikliniame arba nerūdijančio plieno dubenyje sumaišykite čili dribsnius, sezamo sėklas, anyžius, cinamono lazdelę, druską ir išmaišykite. Atidėti.

b) Supilkite aliejų į wok keptuvę ir kaitinkite ant vidutinės-stiprios ugnies, kol cinamono lazdelė iš karto sušvilpės panardinus į aliejų. Kai aliejus įkaista, nukelkite wok keptuvę nuo ugnies ir atsargiai užpilkite karštu aliejumi ant prieskonių. Mišinys pilant turi šnypšti ir burbuliuoti. Lėtai pilkite aliejų, kad jis neburbuliuotų.

c) Leiskite mišiniui visiškai atvėsti, apie 20 minučių. Išmaišykite, supilkite į sandarų stiklainį ir šaldykite iki 4 savaičių.

94. Slyvų padažas

Ingridientai

- 4 puodeliai stambiai pjaustytų slyvų (apie $1\frac{1}{2}$ svaro)
- $\frac{1}{2}$ mažo geltonojo svogūno, supjaustyto
- $\frac{1}{2}$ colio šviežio imbiero griežinėlis, nuluptas
- 1 česnako skiltelė, nulupta ir susmulkinta
- $\frac{1}{2}$ puodelio vandens
- $\frac{1}{3}$ puodelio šviesiai rudojo cukraus
- $\frac{1}{4}$ puodelio obuolių sidro acto
- $\frac{1}{2}$ arbatinio šaukštelio kiniškų penkių prieskonių miltelių
- Košerinė druska

Kryptys:

a) Wok keptuvėje ant vidutinės ugnies užvirinkite slyvas, svogūną, imbierą, česnaką ir vandenį. Uždenkite, sumažinkite ugnį iki vidutinės ir troškinkite, retkarčiais pamaišydami, kol slyvos ir svogūnai suminkštės, maždaug 20 minučių.

b) Perkelkite mišinį į trintuvą arba virtuvinį kombainą ir sutrinkite iki vientisos masės. Grįžkite į wok keptuvę ir įmaišykite cukrų, actą, penkių prieskonių miltelius ir žiupsnelį druskos.

c) Sugrąžinkite ugnį į vidutinę ir užvirkite, dažnai maišydami. Sumažinkite ugnį iki minimumo ir troškinkite, kol mišinys pasieks obuolių padažo konsistenciją, maždaug 30 minučių.

DESERTAI

95. Jamo pupelių, morkų ir agurkų užkandis

Porcijos dydis: 3

Ingridientai:

- Worcestershire padažas
- Riešutai
- 2 morkos
- ½ jamo pupelių
- Želatina be skonio
- Aštrus padažas
- Žaliųjų citrinų sultys
- Japoniški žemės riešutai
- 1 agurkas
- 6 laimai

Metodas:

a) Sutarkuokite morką, jamo pupeles ir agurką. Viską kruopščiai nusausinkite.

b) Kepimo skardą ištepkite aliejumi ir suberkite pupeles.

c) Pabarstykite želatiną ir laimo griežinėlius. Tvirtai paspauskite.

d) Tuo pačiu būdu pridėkite agurkų ir morkų sluoksnį.

e) Uždenkite ir užšaldykite 30 minučių.

f) Sumaišykite kitus ingredientus, kad pagamintumėte padažą.

g) Papuošimui pabarstykite žemės riešutais.

96. Kiniški migdoliniai sausainiai

Porcijos dydis: 30

Ingridientai:

- ½ arbatinio šaukštelio kepimo sodos
- 2 stiklinės miltų
- ½ arbatinio šaukštelio kepimo miltelių
- ¼ arbatinio šaukštelio druskos
- 2 ½ arbatinio šaukštelio migdolų ekstrakto
- 30 sveikų migdolų
- ½ puodelio sutrumpinimo
- ¾ puodelio baltojo cukraus
- 1 kiaušinis
- ½ puodelio sviesto
- 1 plaktas kiaušinis

Metodas:

a) Įkaitinkite orkaitę iki 325 ° F.

b) Paimkite didelį dubenį ir suberkite miltus.

c) Įberkite druskos ir gerai išmaišykite.

d) Įpilkite soda ir kepimo miltelių. Gerai išmaišykite.

e) Nedideliame dubenyje išplakite sviestą, sviestą ir cukrų.

f) Į sviesto mišinį įpilkite migdolų ir kiaušinių ir gerai išmaišykite.

g) Suberkite miltų mišinį ir plakite iki vientisos masės.

h) Minkykite tešlą ir perpjaukite į dvi dalis.

i) Šaldykite 2 valandas.

j) Tešlą išilgai supjaustykite į 14-15 dalių.

k) Sausainių skardą ištepkite riebalais ir kiekvieną gabalėlį susukite apvaliais judesiais.

l) Į sausainių dėklą sudėkite apvalius rutuliukus ir kiekvieno rutulio centre įdėkite migdolų.

m) Teptuku ištepkite sausainius plaktu kiaušiniu.

n) Kepkite 15-20 minučių iki auksinės rudos spalvos.

o) Išimkite ir leiskite atvėsti. Patiekite atvėsusią ir traškią.

97. Nianas Gao

Porcijos dydis: 10

Ingridientai:

- 2 ½ stiklinės pieno
- Viena skardinė raudonųjų azuki pupelių
- 16 uncijų mochiko saldžiųjų ryžių miltų
- 1-1 ¾ puodelio cukraus
- 1 valgomasis šaukštas soda
- ½ stiklinės nesūdyto sviesto
- ¾ puodelio augalinio aliejaus
- 3 kiaušiniai

Metodas:

a) Įkaitinkite orkaitę iki 350 ° F.

b) Ištepkite skardą sviestu arba aliejumi purkštuvu arba teptuku.

c) Visus ingredientus, išskyrus pupeles, sumaišykite trintuvu ir plakite iki vientisos masės.

d) Ant kepimo indo pabarstykite mochiko miltus ir sudėkite pusę tešlos.

e) Ant viršaus paskleiskite pupeles ir dar vieną sluoksnį likusios tešlos ant pupelių.

f) Kepkite 40–45 minutes, kol iškeps.

g) Ar gerai iškepė, patikrinkite dantų krapštuku.

h) Patiekite šaltą.

98. Aštuoni lobių ryžių pudingas

Porcijos dydis: 8

Ingridientai:

Dėl ryžių

- 1 puodelis juodųjų razinų
- 1 puodelis geltonų razinų
- $\frac{1}{4}$ arbatinio šaukštelio druskos

Dėl vaisių

- Neutrali alyva dengimo dubeniui
- 2 puodeliai lipnių ryžių
- 1 valgomasis šaukštas saulėgrąžų aliejaus
- 1 stiklinė cukrumi glaistytų vyšnių
- 1 džiovintas abrikosas

Užpildymui

- 1 puodelis cukraus lotoso sėklų
- 100 gramų raudonųjų pupelių pastos

Dėl krakmolo vandens

- 3 šaukštai vandens
- 2 arbatiniai šaukšteliai bulvių krakmolo

Dėl cukraus sirupo

- 1 valgomasis šaukštas medaus
- 1 valgomasis šaukštas cukraus
- ½ puodelio vandens

Metodas:

a) Paimkite didelį dubenį ir sudėkite į jį ryžius.

b) Įpilkite šalto vandens ir uždenkite 1 valandą.

c) Ryžius nusausinkite, pamirkykite ir 40 minučių virkite verdančiame vandenyje.

d) Įpilkite aliejaus ir druskos. Švelniai išmaišykite, kad ryžiai nesulaužtų.

e) Vaisius supjaustykite mažais gabalėliais.

f) Paimkite dubenį ir sutepkite aliejumi.

g) Įdėkite vaisių ir sluoksnį ryžių. Švelniai paspauskite.

h) Ant jo užpilkite raudonųjų pupelių pastos ir šaukštu paskleiskite.

i) Vėl dėkite ryžių ir vyšnių sluoksnį.

j) Įdėkite dubenį į verdantį vandenį ir virkite 30 minučių.

k) Paimkite nedidelį dubenį ir sumaišykite bulvių krakmolo vandens ingredientus.

l) Maišykite, kol gerai susimaišys.

m) Sudėkite visus sirupo ingredientus ir užvirinkite. Įpilkite krakmolo vandens ir virkite 10 minučių.

n) Išimkite dubenį iš vandens ir apverskite jį į indą. Ant viršaus užpilkite cukraus sirupo.

99. Kiniškas migdolų plūduriuojantis desertas

Porcijos dydis: 6

Ingridientai:

- 1 puodelis šalto vandens
- 1 skardinės vaisių kokteilis su sirupu
- 1 vokas beskonio želatina
- 2 arbatiniai šaukšteliai migdolų ekstrakto
- 1 puodelis išgarinto pieno
- 4 šaukštai granuliuoto cukraus
- 1 puodelis verdančio vandens

Metodas:

a) Paimkite nedidelį dubenį ir sumaišykite cukrų su želatina. Gerai ismaisyti.

b) Į želatinos mišinį įpilkite verdančio vandens ir nuolat maišykite, kol ištirps.

c) Įpilkite migdolų ekstrakto, pieno ir šalto vandens. Gerai ismaisyti.

d) Palaukite, kol atvės. Supjaustykite gabalėliais ir patiekite su vaisiais.

100. Pikantiškas plikytų kiaušinių kremas

Ingridientai:

- 4 dideli kiaušiniai, kambario temperatūros
- $1\frac{3}{4}$ puodelio mažai natrio turinčio vištienos sultinio arba filtruoto vandens
- 2 arbatiniai šaukšteliai Shaoxing ryžių vyno
- $\frac{1}{2}$ arbatinio šaukštelio košerinės druskos
- 2 laiškiniai svogūnai, tik žalia dalis, plonais griežinėliais
- 4 arbatinius šaukštelius sezamo aliejaus

Kryptys:

a) Dideliame dubenyje išplakti kiaušinius. Supilkite sultinį ir ryžių vyną ir išplakite, kad susimaišytų. Kiaušinių mišinį perkoškite per ploną tinklelį sietelį, uždėtą ant skysčio matavimo puodelio, kad pašalintumėte oro burbuliukus. Supilkite kiaušinių mišinį į 4 (6 uncijos) ramekinus. Pjaustymo peiliu ant kiaušinių mišinio paviršiaus išdėliokite burbuliukus. Ramekinus uždenkite aliuminio folija.

b) Išskalaukite bambukinį garintuvo krepšelį ir jo dangtį po šaltu vandeniu ir įdėkite į wok keptuvę. Supilkite 2 colius vandens arba tol, kol jis $\frac{1}{4}$-$\frac{1}{2}$ colio pakils virš garintuvo apatinio krašto, bet ne tiek, kad liestų krepšelio dugną. Įdėkite ramekinus į garintuvo krepšį. Uždenkite dangteliu.

c) Vandenį užvirinkite, tada sumažinkite ugnį iki silpnos ugnies. Virkite ant silpnos ugnies apie 10 minučių arba tol, kol kiaušiniai sustings.

d) Atsargiai išimkite ramekinus iš garų puodo ir kiekvieną kreminį kremą papuoškite keliais laiškiniais svogūnais ir keliais lašais sezamo aliejaus. Patiekite iš karto.

IŠVADA

Kinų maistas yra labai garsus, jame yra visos maistinės medžiagos, kurių reikia medžiagų apykaitai ir kūnui, kad išliktų sveikas. Nors kinai suvartoja vidutiniškai trisdešimčia procentų daugiau kalorijų nei amerikiečiai ir jų elgesys yra vienodi, jie neturi nutukimo problemų. Taip yra todėl, kad kinų virtuvėje vengiama maisto be fruktozės ir vitaminų. Pagrindiniai kiniško maisto gaminimo būdai yra kepimas, troškinimas, troškinimas garuose, virimas ir skrudinimas. Kinų maistas namuose labai skiriasi nuo maisto, kurį galima įsigyti restoranuose.

Kinų maisto vartojimas turi daug naudos sveikatai. Tai padeda reguliuoti kūno skysčių kiekį ir pagerinti medžiagų apykaitą. Taigi kinų maistas Amerikoje garsėja savo skoniais ir gaminimo stiliais. Vegetarai, lakto-Ovo-vegetarai, budistai, ovo-vegetarai ir kt. visi gali valgyti kinišką maistą dėl įvairių gaminimo būdų. Išbandykite šiuos skirtingus Kinijos receptus ir mėgaukitės kinų virtuve ant savo stalo.

www.ingramcontent.com/pod-product-compliance
Lightning Source LLC
Chambersburg PA
CBHW070504120526
44590CB00013B/742